GUIDE TO DINOSAURS

창조과학백과
공룡

하나님이 창조하신
놀라운 공룡의 세계

GUIDE TO DINOSAURS
by Institute for Creation Research

Copyright © 2013 by Institute for Creation Research
Published by Harvest House Publishers
Eugene, Oregon 97402
www.harvesthousepublishers.com
All rights reserved.

Korean Edition published by Word of Life Press, Seoul, 2020
Translated and published by permission.
Printed in Korea.

창조과학백과 공룡

© 생명의말씀사 2020

2020년 2월 28일 1판 1쇄 발행
2023년 4월 11일 　　　 2쇄 발행

펴낸이 | 김창영
펴낸곳 | 생명의말씀사

등록 | 1962. 1. 10. No.300-1962-1
주소 | 서울시 종로구 경희궁1길 6 (03176)
전화 | 02)738-6555(본사) · 02)3159-7979(영업)
팩스 | 02)739-3824(본사) · 080-022-8585(영업)

기획편집 | 유선영, 정설아
디자인 | 김혜진, 윤보람
인쇄 | 영진문원
제본 | 다인바인텍

ISBN 978-89-04-16699-2 (04230)
ISBN 978-89-04-70026-4 (세트)

저작권자의 허락 없이 이 책의 일부 또는 전체를
무단 복제, 전재, 발췌하면 저작권법에 의해 처벌을 받습니다.

일러두기
일부 시각 자료에 있는 영어 표기는 원서 출판사의 요청으로 그대로 두었습니다.

GUIDE TO DINOSAURS

미국창조과학연구소(ICR) 지음
조은경 옮김
한국창조과학회 감수

창조과학 가이드

창조과학백과
공룡

하나님이 창조하신
놀라운 공룡의 세계

생명의말씀사

추천사

어린이를 포함해 누구나 큰 관심을 갖고 있는 동물이 있다면, 그것은 단연 공룡일 것입니다.
전 지구적으로 발견되는 다양한 공룡 화석들은
공룡이 지구상에 실존했던 동물이었음을 증명하고 있습니다.
또한 성경에도 공룡에 관한 기록이 있습니다.

공룡을 주제로 한 다양한 영화와 만화, 캐릭터, 조각과 예술 작품들을 보면서
우리는 많은 궁금증을 품게 됩니다.
크고 작은 수많은 종류의 공룡들은 언제부터 지구상에 존재했을까?
공룡은 창조물인가, 진화의 결과인가?
무슨 이유로 갑자기 공룡들이 다 멸종되었을까?
수많은 종류의 파충류 중에 왜 공룡만이 멸종되었을까?
공룡 화석들이 전 지구적으로 발견되는 이유는 무엇일까?
인간과 공룡이 같은 시대에 살았을까? 같이 살았다면 그 증거들은 무엇인가?

이런 궁금증들에 대한 속 시원한 답을 얻고 싶지만,
그동안 마땅한 참고서가 없었습니다.
다행스럽게도 최근에 미국창조과학연구소(ICR)에서, 지질학과 생명공학을 전공한 전문가들이
전 세계에서 발견된 공룡 화석 자료들을 바탕으로 공룡에 관한 책을 저술했습니다.
풍부하고 다양한 지질 화석 자료들을 살피며 공룡의 기원과 역사를
재미있고 알기 쉽게 풀어 주는 훌륭한 참고서입니다.

『창조과학백과 **공룡**』이라는 제목으로 번역 출간된
이 책을 통해 공룡에 관한 여러 가지 궁금증을
풀 수 있게 되었습니다.
공룡에 관해 관심이 있는 분이라면,
누구나 필독해야 할 책으로 적극적으로 추천합니다.

한윤봉

한국창조과학회 회장
전북대학교 교수

Contents

추천사 — 5

1. 공룡의 기원과 역사

왜 공룡을 연구해야 하는가? — 10
공룡이란 무엇인가? — 12
성경 속의 공룡 — 14
대홍수 이전의 기후 — 16
방주에 탄 공룡들 — 18
대홍수 물이 차오르다 — 20
빙하기의 공룡 — 22
용과의 만남 — 24
공룡의 멸종 — 26
공룡 그리고 죽음이라는 문제 — 28
공룡에 관한 신화 — 30

2. 공룡 화석과 발견

화석 — 34
공룡의 이름은 어떻게 붙여졌을까? — 36
최초의 발견 — 38
공룡 뼈 사냥의 경쟁 시대 — 40
공룡 사냥꾼들 — 42
실제 공룡 발굴 — 44
물고기와 함께 매몰된 공룡 — 46
아프리카와 아시아 초기 원정 — 48
연대측정하기 — 50
연부조직 화석 발견 — 52
공룡 시대의 초목 — 54
공룡과 함께 매몰된 동물들 — 56
공격과 방어 수단 — 58
공룡은 새로 진화했을까? — 60
박물관 가기 — 62

3. 공룡의 종류

- 다양한 종류의 공룡 — 66
- **수각 아목 : 육식 공룡들** — 68
  - 티라노사우루스 렉스 : 폭군 도마뱀 — 70
  - 채식하는 수각류? — 72
  - 벨로키랍토르 : 작은 위협 — 74
  - 알로사우루스 : 육지의 상어 — 76
  - 딜로포사우루스 : 독을 뱉는 공룡? — 78
- **용각 아목 : 거대하고 느릿느릿 움직이는 공룡들** — 80
  - 카마라사우루스 : 뭉툭코를 가진 거대 공룡 — 82
  - 브라키오사우루스 : 코가 큰 거대 공룡 — 84
  - 디플로도쿠스 : 거대한 미국 공룡 — 86
  - 플라테오사우루스 : 납작 도마뱀 — 88
  - 브론토사우루스일까, 아파토사우루스일까? — 90
- **주식두 아목**
  : 반구형 머리를 가진 공룡, 뿔 달린 공룡, 주름 장식이 달린 공룡 — 92
  - 프로토케라톱스 : 케라톱스류 공룡들의 "양" — 94
  - 파키케팔로사우루스 : 반구형 머리 — 96
  - 프시타코사우루스 : 앵무새 파충류 — 98
  - 스티라코사우루스 : 골침 공룡 — 100
  - 트리케라톱스 : 3개의 뿔이 달린 공룡 — 102
- **장순 아목 : 갑옷 공룡과 골판 공룡** — 104
  - 스테고사우루스와 안킬로사우루스 — 106
- **조각 아목 : 오리 주둥이 공룡들** — 108
  - 파라사우롤로푸스와 이구아노돈 — 110
- 공룡에 관한 진실 — 112

- 찾아보기 — 114
- 기고자 소개 — 116
- 미국창조과학연구소(ICR) 소개 — 117

1
공룡의 기원과 역사

왜 공룡을 연구해야 하는가?

공룡은 매혹적인 동물이다. 공룡을 보고 있으면 경외감이 느껴지고 궁금증이 생긴다. 또한 공룡은 상상력을 자극한다. 어린이뿐 아니라 어른들에게도 공룡은 끝없이 놀라운 동물이다.

공룡을 생각하면 아마 거대하고 목이 긴 초식 공룡인 용각류나 포악한 티라노사우루스 렉스(*Tyrannosaurus rex*)가 떠오를 것이다. 하지만 공룡의 크기는 실로 다양하다. 닭처럼 작은 공룡에서부터 키 큰 나무 꼭대기에 이를 만큼 큰 공룡도 있다. 또한 두 발로 걷는 공룡이 있는가 하면, 네 다리를 모두 사용해 움직이는 공룡도 있다.

공룡을 연구하다 보면 그들에 대해 많은 것을 배우지만, 동시에 여러 가지 의문이 생긴다. 성경에 공룡에 대한 언급이 있는가? 공룡은 정말 수천만 년 전에 살았던 동물일까? 인간과 공룡이 같은 시대에 살았을까? 공룡이 노아의 방주에 타고 있었을까? 그랬다면 크기가 다양한 공룡들이 모두 어떻게 방주에 들어갈 수 있었을까? 하나님은 언제 공룡을 창조하셨을까? 그들은 어떻게 멸종한 것일까? 정말 공룡이 새로 진화했을까? 모두 제기될 만한 질문이며, 이 책에서 이런 질문들을 포함해 많은 것을 다룰 것이다.

여섯째 날에 창조된 공룡

창세기를 보면, 창조 여섯째 날에 공룡을 포함해 육지에 사는 모든 동물이 어떻게 창조되었는지를 알 수 있다.

> "하나님이 이르시되 땅은 생물을 그 종류대로 내되 가축과 기는 것과 땅의 짐승을 종류대로 내라 하시니 그대로 되니라 하나님이 땅의 짐승을 그 종류대로, 가축을 그 종류대로, 땅에 기는 모든 것을 그 종류대로 만드시니 하나님이 보시기에 좋았더라"(창 1:24-25).

이어지는 구절(창 1:26-28)은 하나님이 인간을 창조하시고, 그들(그리고 우리)에게 새와 물고기를 포함해 하나님이 창조한 모든 동물을 다스리게 하신 일을 이야기한다.

1. 공룡의 기원과 역사

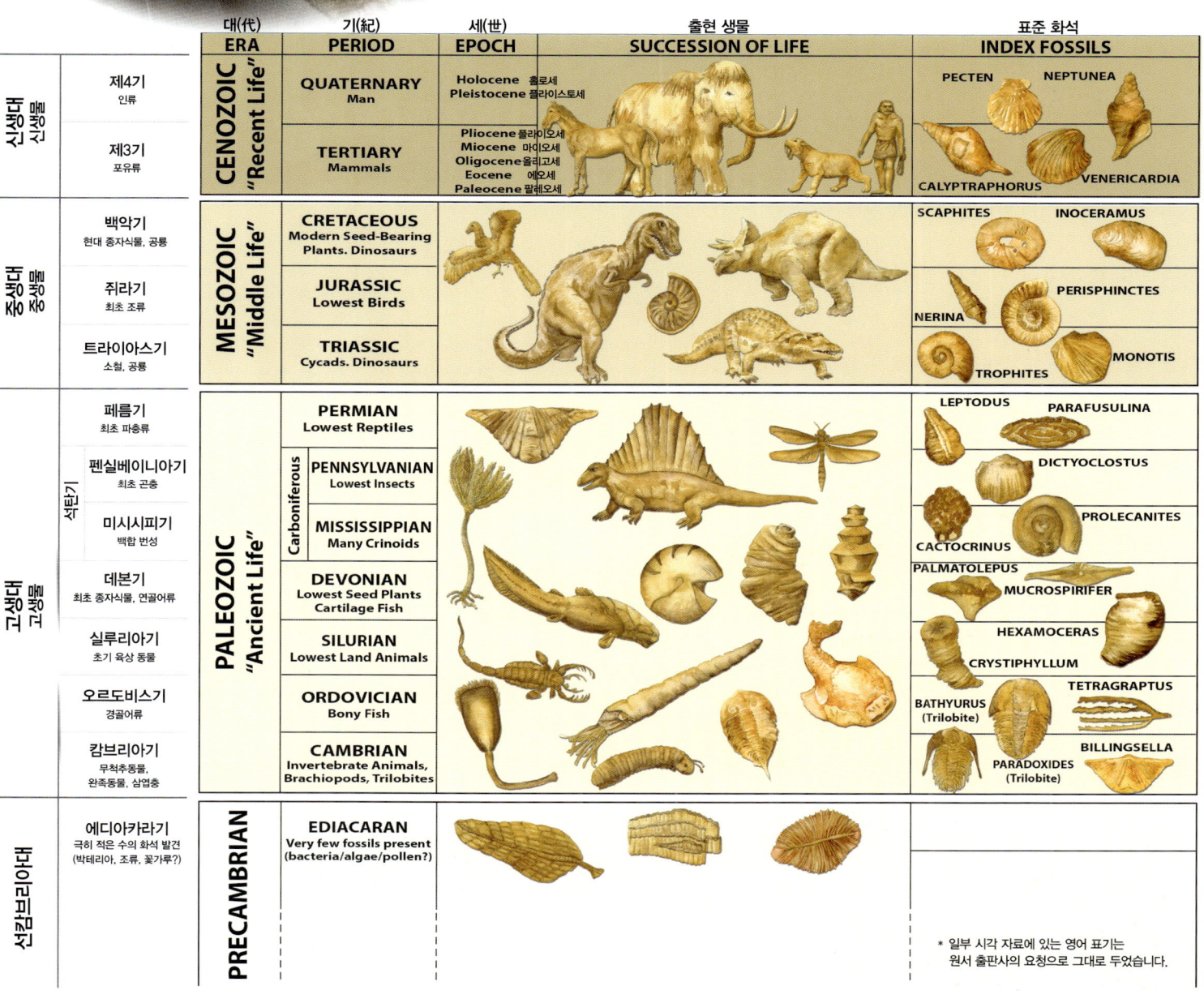

성경은 또한 아담과 하와가 죄를 짓기 전에는 죽음이 없었고, 동물은 풀을 먹도록 창조되었다고 말한다(창 1:29-30). 동물들은 인간의 타락 이후 서로 잡아먹기 시작했다. 하지만 갑작스럽게 그런 것인지, 서서히 그런 것인지는 불분명하다. 오늘날 고생물학자들은 공룡의 이빨, 턱의 구조, 공룡의 분변 화석(동물의 배설물로 만들어진 화석)을 이용해 그들이 무엇을 먹었는지 추측해 내야 한다. 하지만 이빨의 형태만으로는 식습관을 알 수 없다. 오늘날 과일을 먹고 사는 큰박쥐처럼 날카로운 이빨을 가졌음에도 주로 혹은 오로지 채식만 하는 동물들이 있기 때문이다. "육식을 하는" 수많은 공룡이 날카로운 이빨을 과일의 거친 껍질을 벗기거나 나무뿌리의 질긴 겉껍질을 끊어 내는 데 사용했을 수도 있다.

* 일부 시각 자료에 있는 영어 표기는 원서 출판사의 요청으로 그대로 두었습니다.

대부분의 교과서에서는 공룡이 중생대로 추정되는 2억 2500만 년 전에서부터 6500만 년 전, 즉 트라이아스기 후기에서부터 쥐라기에 걸쳐 살았고, 백악기 말까지 번성했다가 멸종한 것으로 주장한다. 그러나 연구자들은 탄자니아의 트라이아스기 중기 암석층에서도 공룡의 뼈를 발견했다. 그리고 작은 공룡의 발자국이 폴란드의 트라이아스기 초기 암석층(2억 5000만 년 된 것으로 추정되고 있다)에서 발견되었다고 보고된 바 있다. 과거 지구의 자연의 변화 과정이 오늘날과 그리 많이 다르지 않다고 보는 동일과정설의 관점은 이렇게 서로 다른 지층이 수천만 년 동안 퇴적된 것임을 가리킨다고 본다. 그러나 이런 암석층은 그저 수천 년 전에 일어났던 1년 동안의 대홍수 기간에 형성된 것으로 보인다. 대홍수 후기에 만들어진 지층에서 공룡의 화석이 발견되고 있다. 공룡들은 다른 동물이나 해양 생물보다 더 높은 지대에서 이동하며 살았을 가능성이 크기 때문에, 이들의 화석이 더 높은 지층에서 발견되는 것이다.

공룡이란 무엇인가?

공룡류(Dinosauria)라는 그룹 명칭을 처음 사용한 사람은 리처드 오언 경(Sir Richard Owen)이다. 오언은 1841년 영국과학진흥협회의 연설에서 최초로 이 명칭을 사용했고, 1842년에 공식적으로 발표했다. 오언은 공룡(dinosaur, "무서울 만큼 거대한 도마뱀"이라는 뜻의 그리스어에서 파생됨)이 오늘날의 도마뱀과는 다른, 별개의 파충류 그룹임을 처음으로 인식한 인물이다.

리처드 오언

오언은 공룡을 코끼리나 코뿔소와 흡사한 자세를 가진 직립 파충류라고 정의했다. 그는 골반 구조와 관골구의 구멍을 보고 그렇게 결론을 내렸다. 하지만 초기 고생물학자 중에는 여전히 공룡이 오늘날의 악어처럼 앞발과 뒷발을 벌리고 배를 땅에 대고 걷는다고 생각하는 사람들이 있었다. 오언의 해석은 공룡의 커다란 흉곽을 좀 더 정밀하게 조사한 다음 인정을 받았다. 공룡의 흉곽에는 오직 길고 곧은 다리가 맞을 뿐이다. 고생물학자들은 공룡의 발자국에서 그들이 배를 땅에 대고 걸어 다녔다는 흔적은 전혀 찾지 못했다(진흙 속에 골반을 묻고 다녔다면 이는 예외적으로 가능하다). 대신 수많은 공룡 발자국이 무엇을 피해 달아나듯이 일직선으로 나 있음을 발견했다.

> 공룡은 날개, 물갈퀴, 지느러미가 없다.
> 공룡은 육지에서 걷고, 가끔 뛰기도 했다.
> 다른 파충류들은 날아다니거나,
> 지느러미가 있어서 수영할 수 있었다.
> 하지만 이런 파충류들은
> 공룡으로 분류되지 않는다.

해리 실리

또 다른 영국의 고생물학자 해리 실리(Harry Seeley)는 후에 공룡을 골반 형태에 따라 두 집단으로 나누었다. 한 집단은 조반목(새의 골반 형태), 또 다른 집단은 용반목(도마뱀의 골반 형태)이라고 불렀다. 모든 공룡은 이 두 가지 골반 형태로 분류할 수 있다. 용반목 공룡들은 골반뼈가 도마뱀을 닮기는 했지만 관골구가 있어서 직립해 걸을 수 있었다.

트리케라톱스(Triceratops)와 스테고사우루스(Stegosaurus)는 조반목의 골반을 가졌다.

트리케라톱스

스테고사우루스

1. 공룡의 기원과 역사

알로사우루스(*Allosaurus*)와 디플로도쿠스(*Diplodocus*)는 용반목의 골반을 가졌다.

모든 수각류 공룡과 용각류 공룡(목이 긴 초식 공룡)은 도마뱀과 유사한 골반을 가졌다. 다른 모든 유형의 공룡들은 새와 같은 골반을 가졌다. 수각류 그룹 중 "새와 비슷한" 것으로 추정되는 공룡이 정작 골반은 도마뱀과 비슷하다는 것이 조금 역설적이다. 이는 공룡이 독특한 동물이며, 많은 사람이 생각하는 바와 달리 공룡이 새로 진화하지 않았음을 보여 준다.

공룡이 아닌 동물들

물속에 살거나 하늘을 날아다니는 다른 대형 파충류들이 있었지만, 리처드 오언의 정의에 따르면 이들은 공룡으로 분류되지 않는다. 헤엄을 치는 파충류들은 해양에 살았고, 걷지 않았으며, 골반 구조가 공룡과 달랐다. 이들은 완벽하게 수중 생활에 맞춰진 동물들이었다.

모사사우루스

이것은 대부분의 파충류와는 달리 물속에서 새끼를 낳다가 화석이 되어 버린 익티오사우루스(*Ichthyosaurus*)다. 노아 시대에 일어난 대홍수와 같은 재앙적 사건으로 인해 빠른 속도로 흐르는 물과 퇴적물에 매몰된 어미와 새끼의 모습을 볼 수 있다.

멸종한 파충류 중 디메트로돈(*Dimetrodon*, 몸의 길이가 거의 3m까지 자랐다)과 같이 등에 돛 모양의 돌기가 있는 것들이 있는데, 이들은 오늘날 우리가 보는 도마뱀과 비슷하게 생겼다. 디메트로돈은 사방으로 뻗어나가는 골반과 바깥쪽으로 확장된 다리가 달렸다. 이 동물들도 공룡은 아니다.

익룡(*pterodactylus*, 프테로닥틸루스)은 하늘을 나는 파충류로 역시 공룡이 아니다. 익룡은 새나 박쥐와는 다른 형태로 날아다녔다. 익룡은 네 번째 앞발가락이 늘어나 있는데, 늘어난 4개의 지골(趾骨)이 박쥐의 날개처럼 피부로 된 비행 막을 지탱하고 있는 구조다. 남은 세 발가락은 날개 앞쪽에 짧은 발톱으로 달려 있다.

성경 속의 공룡

성경은 하나님이 창조 여섯째 날에 모든 육지 동물을 창조하셨다고 말한다. 공룡도 여기에 포함되었다. 창세기 1장 25절은 "하나님이 땅의 짐승을 그 종류대로, 가축을 그 종류대로, 땅에 기는 모든 것을 그 종류대로 만드시니 하나님이 보시기에 좋았더라"라고 말한다. 어떤 공룡들은 몸집이 작았는데, 이들은 "기는 것"의 범주에 넣을 수 있다. 반면 몸집이 큰 공룡은 "땅의 짐승"에 속한다.

성경에 "공룡"(dinosaur)이라는 말은 나오지 않는다. 이 단어가 생겨나기 전에 성경이 영어로 번역되었기 때문이다. 하지만 성경을 포함해 고대 문헌에는 공룡으로 알려진 짐승에 대해 기술되어 있다.

베헤못

성경에서 가장 오래된 책으로 여겨지는 욥기를 보면 다음과 같은 구절이 나온다.

> "이제 소같이 풀을 먹는 베헤못을 볼지어다 내가 너를 지은 것같이 그것도 지었느니라 그것의 힘은 허리에 있고 그 뚝심은 배의 힘줄에 있고 그것이 꼬리 치는 것은 백향목이 흔들리는 것 같고 그 넓적다리 힘줄은 서로 얽혀 있으며 그 뼈는 놋관 같고 그 뼈대는 쇠막대기 같으니"(욥 40:15-18).

소같이 풀을 먹는 베헤못(behemoth)은 여기 그림에 나오는 브라키오사우루스(*Brachiosaurus*) 같은 용각류를 말하는 것 같다. 최근까지 대부분의 세속 고생물학자들은 공룡이 살았던 시대에는 풀이 없었다고 믿고 있었다. 그러나 인도의 백악기 말기로 알려진 암석에서 발굴된 공룡의 분변 화석을 보면 용각류들이 풀을 먹었다는 것을 알 수 있다.

용각류의 대퇴골

탄닌

"용"(dragon)이라는 용어는 성경에 20번 이상 나오는데, 연관된 히브리어 단어 '탄닌'(*tannin*) 또는 '탄님'(*tannim*)을 영어로 번역한 것이다. 이 히브리어 단어들은 "괴물"(monster), "뱀"(serpent), "바다 괴물"(sea monster)로도 번역할 수 있다. 시편 74편 13절에는 바다 용이 나오는데, 이는 플레시오사우루스나 모사사우루스와 같이 수영하는 파충류를 의미할 수 있다. 이사야 30장 6절에는 날아다니는 불뱀이 나오는데, 이는 익룡을 의미할 수 있다. 현대의 정의에 따르면, 이 짐승들은 공룡이 아니다. 하지만 킹제임스성경(KJV) 이사야 34장을 보면 육지의 용이 나오는데, 이것은 공룡일 가능성이 크다.

베헤못의 뼈를 묘사하는 데 "놋관"이라는 단어를 사용했다. 이는 공룡의 뼈를 묘사하는 것일 수 있다. 용각류들은 철골처럼 두껍고 튼튼한 거대한 다리뼈를 가졌다.

브라키오사우루스

1. 공룡의 기원과 역사

트리케라톱스

이 트리케라톱스처럼 커다란 공룡은 다른 대형 동물들과 함께 성경에서 묘사한 "땅의 짐승"일 수 있다.

이 콤프소그나투스(*Compsognathus*, 2족 보행을 하는 공룡으로도 알려져 있다)처럼 작은 공룡은 다른 작은 동물들과 함께 "기는 것"으로 간주될 수 있다.

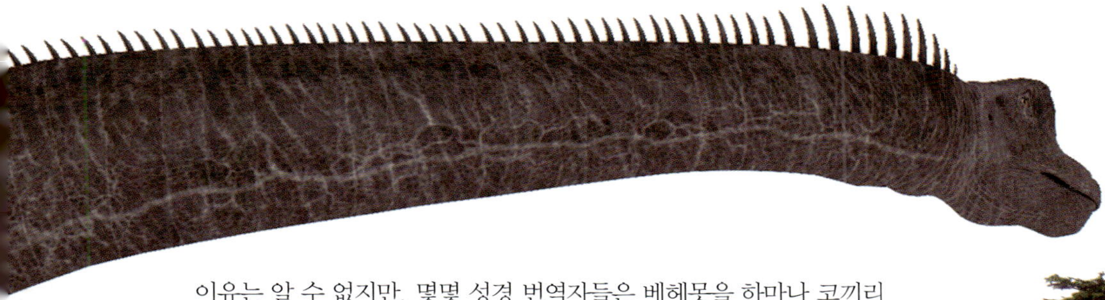

콤프소그나투스

이유는 알 수 없지만, 몇몇 성경 번역자들은 베헤못을 하마나 코끼리 같은 것으로 묘사한다. 하지만 성경은 베헤못이 "꼬리 치는 것은 백향목이 흔들리는 것 같고"(욥 40:17), "하나님이 만드신 것 중에 으뜸이라"(욥 40:19)고 말해 아주 거대한 것임을 확실하게 밝힌다. 따라서 성경의 묘사에 가장 잘 들어맞는 동물은 용각류 공룡이다.

코끼리

하마

레바논 백향목

대홍수 이전의 기후

우리는 뼈 화석을 통해 공룡이 엄청나게 큰 크기로 자랐음을 알 수 있다. 어떻게 공룡은 그렇게까지 크게 성장했을까? 동일과정설을 주장하는 과학자들은 과거에는 기후 조건이 매우 달랐다고 주장한다. 창조론자들은 이를 대홍수 이전의 세계에 적용한다. 공룡을 포함해 살아 있는 대부분의 생물은 초대륙(supercontinent)에 살았을 것이다. 공룡들은 아마 한쪽 땅끝에서 다른 쪽 끝으로 방랑하는 식으로 전 세계에 퍼져 살았을 것이다. 창조과학자들은 대홍수로 인해 이 초대륙이 쪼개지면서 여러 개로 나뉘었고, 노아와 육지 동물들은 하나님의 은총으로 방주에 타서 보호를 받았다고 믿는다.

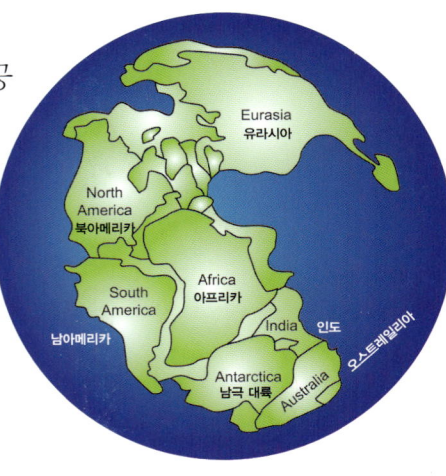

바위 속에 드러난 지구 화학적 특징을 근거로 만든 컴퓨터 모델은 (고생대와 중생대 암석층과 연관이 있는) 대홍수 이전 세상의 이산화탄소 수준이 오늘날보다 3배에서 7배 더 높았음을 보여 준다. 또한 수많은 고생물학자는 당시의 산소 수준이 대기의 30%를 차지하며 지금보다 더 높았다고 주장한다. 높은 산소 수준을 가리키는 지구 화학적 모델뿐 아니라 대홍수 이전 시대에 살았던 거대한 크기의 벌레와 공룡도 이런 결론을 뒷받침한다. 다양한 동물들에게서 나타난 거대증은 산소 수준이 높은 것과 연관이 있다. 발견된 화석 증거를 통해 알 수 있듯 높은 농도의 산소와 이산화탄소가 식물이 풍성하게 자라고 동물들도 어마어마한 크기로 자라는 데 도움이 되었을 것이다. 당시는 전 세계적으로 산소와 이산화탄소의 수준이 높아 온실 효과가 발생했고, 따뜻하고 습한 기후가 나타났을 것으로 예상된다.

> 대홍수 이전 시대의 잠자리는 날개 길이가 약 60cm에 이르렀다. 공룡 중에는 크기가 무려 50m 가까이 자라는 것들도 있었다.

대홍수 이후 공룡이 멸종한 까닭은 부분적으로는 기후와 대기 성분이 급격하게 변했기 때문일 것이다. 대기 중의 산소 농도가 현재와 같이 21%로 급격하게 떨어지고, 북위와 남위 쪽이 더 서늘해지면서 공룡의 행동반경이 제한되고 활동 수준도 느려졌을 것이다. 공룡이 변온 동물이었다면 특히 더 영향을 받았을 것이다.

대홍수 이전 세상의 지배적인 식물 유형도 아마 달랐을 것이다. 기후가 더 따뜻하고 대기 구성도 달랐기 때문에 양치식물(고사리같이 씨 없는 유관속 식물)과 겉씨식물(침엽수 같은 비종자식물)이 압도적으로 많았을 것이다. 공룡이 살았던 곳에는 오늘날의 늪지처럼 꽃을 피우는 식물이 거의 없었을 것이다. 과학자들은 하드로사우루스(Hadrosaurus, 오리와 비슷한 주둥이를 가진 공룡)의 위장에서 양치류와 침엽수의 증거를 발견했다. 또한 공룡의 분변 화석 속 풀의 잔재를 보고 용각류(목이 긴 공룡들)가 성경의 "베헤못"(욥 40:15)처럼 풀을 먹었다는 사실을 알아냈다.

대홍수 이전에는 혹독한 기후가 없었고, 기본적으로 밑에서 올라온 물이 지면을 적셨을 것이다(창 2:6). 산소 수준이 30%나 되었기 때문에, 식물이 풍성하게 자라고 공룡과 같은 동물들도 번성할 수 있었을 것이다.

대홍수 이후 하나님의 약속

대홍수 이후 하나님은 다시는 온 세상을 멸할 홍수를 인간에게 보내지 않겠노라고 노아와 공룡을 포함한 모든 생물과 약속하셨다(창 9:13-17). 하나님이 구름 속에 두신 무지개가 바로 이 약속의 증표다. 노아 홍수는 어떤 지방에 국한된 사건이지 전 지구적 현상이 아니었다고 주장하는 사람들이 있다. 하지만 무지개가 지구의 어떤 특정 장소에 홍수를 보내지 않을 거라는 약속이라면, 오늘날에도 있는 지역적 홍수나 쓰나미 같은 현상은 하나님이 그 약속을 어기셨다는 의미가 된다.

또한 초대륙의 분열이 홍수 이후에 일어났다고 주장하는 사람들이 있는데, 이는 틀릴 가능성이 크다. 만약 그랬다면, 초대륙이 쪼개질 때 생기는 엄청난 지각 변동과 재앙에 가까운 화산 폭발로 인해 지구상의 수많은 생물이 파괴되었을 것이다. 어떤 사람들은 하나님이 인류를 지구 곳곳으로 흩어지게 하셨던 바벨탑 사건으로 인해 언어 차이가 발생해 지구가 "나뉘었다"고 생각한다(창 10:25, 11:9). 반면 불안정한 빙하기 기후가 끝나면서 강에 의해 대륙이 나뉘었다고 생각하는 사람들도 있다.

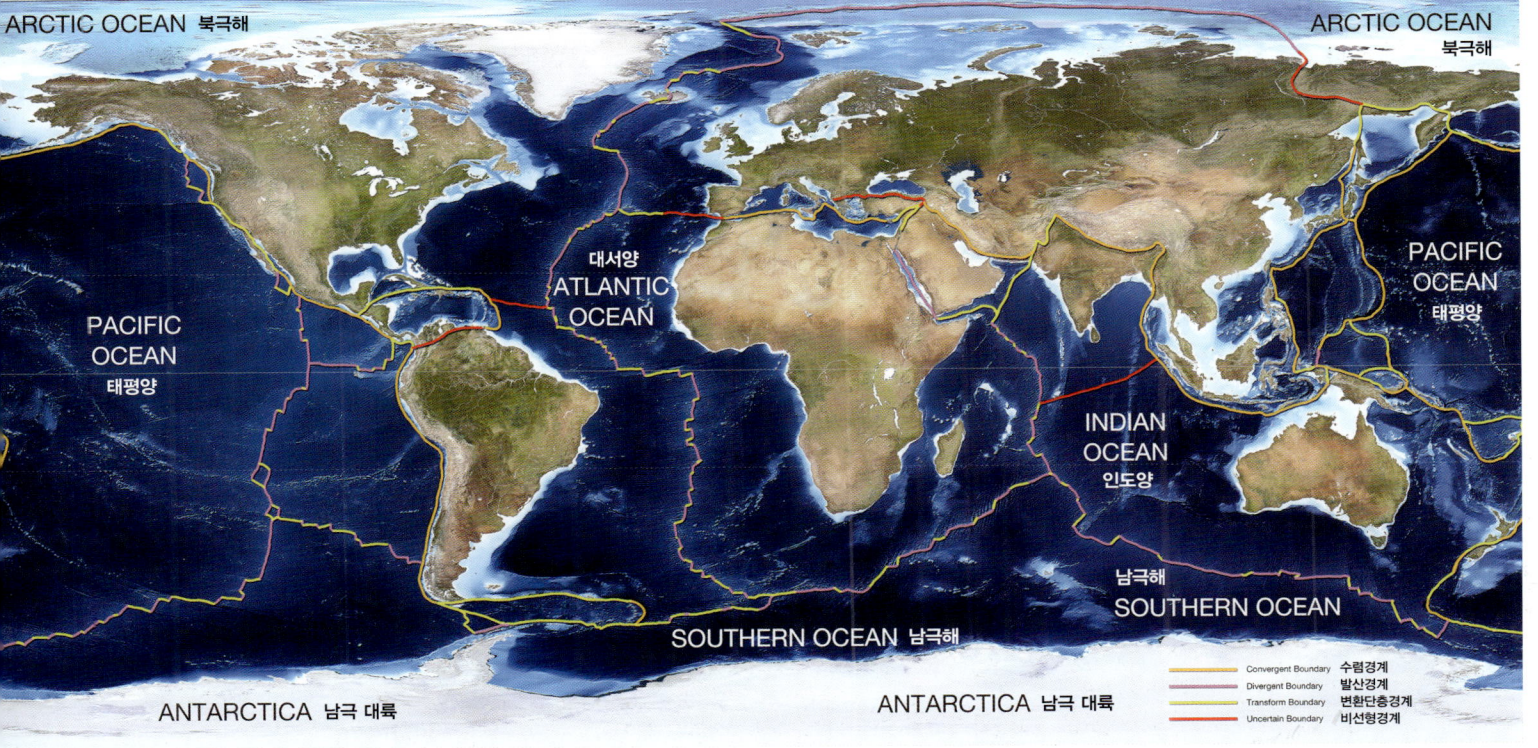

방주에 탄 공룡들

하나님의 세상은 "보시기에 좋게" 창조되었다. 그러나 인간이 죄를 지은 뒤 세상은 타락했고, 결국 악함이 점점 심해졌다. 하나님은 대부분의 인간과 짐승을 모두 쓸어버리고 남겨진 소수로 세상을 다시 시작하기로 하셨다. 이를 위해 하나님은 노아에게 방주를 지으라고 말씀하셨다. 창세기 6장 20절은 다음과 같이 말한다. "새가 그 종류대로, 가축이 그 종류대로, 땅에 기는 모든 것이 그 종류대로 각기 둘씩 네게로 나아오리니 그 생명을 보존하게 하라." 이는 다양한 종류의 모든 공룡도 방주에 탔음을 의미한다. 그런데 거대한 공룡들이 어떻게 방주에 탈 수 있었을까?

성경이 말하는 "종류"(kind)가 오늘날 우리가 사용하는 동물 분류의 하나인 "과"(family)에 가깝다면, 방주에는 60쌍의 공룡이 있었을 것이다(진화 고생물학자는 공룡 과의 수가 60개라고 인정한다). 방주에 탄 대부분의 공룡은 이미 다 성장해 덩치가 매우 크고 나이 든 공룡들이 아닌, 작고 어리며 성장하기 시작한 공룡들이었을 것이다. 어쨌든 방주의 목적은 대홍수 이후의 세상에서 다시 살며 번식하도록 각 동물 종류의 대표를 구하는 것이었고, 그러려면 젊고 튼튼한 동물을 태우는 것이 최선이었다.

공룡 둥지와 알의 모형

새끼 공룡

공룡알은 성체 공룡과 비교했을 때 매우 작았다. 알려진 공룡알 중 가장 큰 것이 축구공 크기 정도이니 어린 공룡은 매우 작았을 것이다.

방주에 탄 공룡의 평균 크기

중간 크기 공룡과 비슷한 크기의 동물은 미국 들소다. 하지만 방주에 탄 공룡들은 완전히 성장한 공룡보다 더 어렸을 것이고, 크기는 평균적으로 양(sheep)만 했을 것이다. 모든 공룡은 인간의 십대와 흡사하게, 태어나서 1–2년 정도가 되면 급속도로 성장했다. 아마도 이렇게 빨리 성장하기 1년 정도 전에 방주에 태워졌을 것이다. 1년여 정도 대홍수가 지속되는 동안 적게 먹어야 했기 때문이다. 공룡들은 홍수 이후 육지에 방출되면서 성장이 빨라져 금방 성체가 되었을 것이고, 번성해서 땅에 가득하라는 하나님의 명령을 이행할 수 있었을 것이다(창 9:7).

양

콤프소그나투스

1. 공룡의 기원과 역사

기타 새끼 파충류들

공룡은 파충류이므로 현재 살아 있는 파충류를 관찰하면 공룡에 대해 좀 더 이해할 수 있다. 악어와 비단뱀은 거대한 크기와 무게로 성장할 수 있지만, 새끼일 때는 아주 작다. 일정 나이가 되면 이들은 급속도로 성장해 성체가 된다. 그리고 나이가 들면서 성장이 느려진다. 방주에 있던 공룡들은 대홍수 이후 지구에 다시 퍼져 살아가야 했기 때문에 어리고 건강했을 것이다. 따라서 성체 크기보다 훨씬 더 작고, 방주 안에서 그다지 많은 공간을 차지하지 않았을 것이다. 이는 방주에 탄 다른 동물들에게도 똑같이 적용된다.

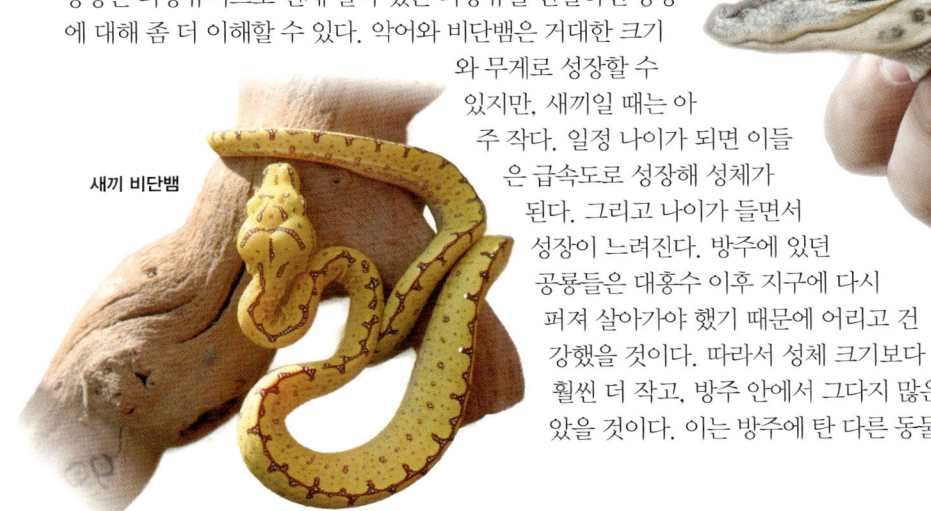

새끼 비단뱀

새끼 악어

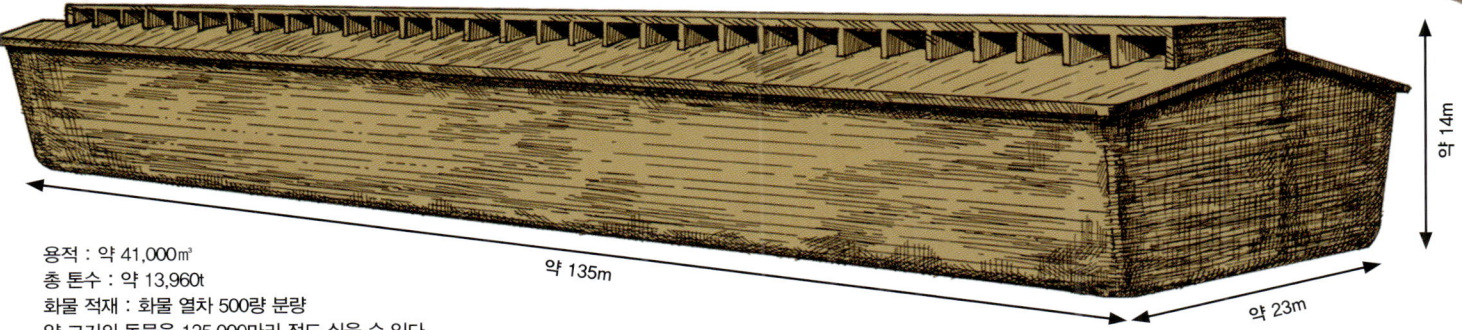

용적 : 약 41,000㎥
총 톤수 : 약 13,960t
화물 적재 : 화물 열차 500량 분량
양 크기의 동물을 125,000마리 정도 실을 수 있다.

약 135m
약 23m
약 14m

방주의 크기

방주는 매우 컸다. 창세기 6장 15절에 따르면, 길이가 300규빗, 폭이 50규빗, 높이가 30규빗이었다. 이를 오늘날의 도량형으로 환산하면 길이 약 135m, 폭 약 23m, 높이 약 14m 정도다. 이는 최대 용량과 안정성에 맞춰 이상적으로 디자인된 크기로, 이 정도 규모의 배라면 아무리 극심한 홍수 상황에서도 전복되지 않았을 것이다. 또한 양 크기의 동물을 125,000마리 정도 태울 수 있었을 것이다. 오늘날 지구상에는 25,000여 종의 육상 동물(포유류, 조류, 양서류, 파충류)이 살고 있다. 이 동물들 대부분이 양보다 크기가 좀 더 작으므로, 방주 전체 용적의 3분의 1 정도가 동물을 수용하는 데 필요했을 것이다.

방주에 저장된 식량

성경은 하나님이 태초에 모든 동물이 채식을 하게 만드셨다고 말한다(창 1:29). 오늘날에도 판다같이 날카로운 이빨과 발톱(보통은 육식 동물에게 달렸다)이 있는 동물이 엄격하게 채식을 하는 경우도 있다. 따라서 티라노사우루스 렉스같이 육식을 하는 수각류 공룡을 포함해 모든 공룡이 아마 한때는 채식을 했을 것이다. 이런 점을 염두에 두면, 방주에 저장한 음식은 아마도 과일이나 나뭇잎, 줄기, 뿌리 등을 포함한 다양한 식물이었을 것이다. 그리고 방주에 탄 동물들은 대홍수를 이겨 내야 했으므로, 하나님은 이들이 서로 잡아먹지 못하도록 하셨을 것이다. 번성해서 땅을 채우라는 하나님의 명령을 이행하기 위해, 이후에 육식을 하게 되는 동물들조차 홍수가 진행되는 동안, 그리고 홍수 직후 한동안 채식을 했을 것이다.

판다

대홍수 물이 차오르다

대홍수 동안 방주에 타지 못한 공룡들은 차오르는 물에서 빠져나가려 안간힘을 썼을 것이다. 오늘날 발견된 대부분의 공룡 발자국은 공룡이 진흙탕이 된 땅을 걸었을 때 만들어진 흔적이다. 그런데 공룡이 얕은 물에 잠겼을 때 만들어진 흔적도 있다. 유럽, 오스트레일리아, 북미와 중국의 몇몇 곳에서 공룡이 수영을 한 흔적이 발견되었다.

중국 발굴지에서 과학자들은 공룡이 까치발로 걷다가 발톱으로 바닥을 긁은 흔적이 15m가량 남은 것을 확인해, 적어도 한 마리의 공룡이 부분적으로 물에 떠다녔다고 결론을 내렸다. 같은 방향으로 걸어가던 또 다른 공룡은 좀 더 완전한 발자국을 남겼는데, 바닥에 발을 딛고 헤쳐나가는 것으로 보였다. 비슷한 크기의 공룡 한 쌍이 같이 수영을 하며 헤쳐 걸어간 이 증거를 통해 물의 깊이가 급속도로 변했음을 알 수 있다. 또한 흔적의 방향이 일정한 것은 공룡들이 같은 방향으로 이동했고, 점점 물이 차오르는 곳에서 빠져나가려 했음을 보여 준다. 오스트레일리아 퀸즐랜드의 공룡 보행렬에서도 비슷한 사항이 발견되었다.

창조과학자들은 많은 동물이 대홍수에서 탈출하기 위해 수영을 했다고 주장한다. 공룡의 경우 대부분이 수영을 잘했을 것 같지만 물에서 영원히 탈출하지는 못했다. 그들이 남긴 보행렬을 보면, 결국 물이 차올라 가능할 때까지 그들이 수영을 했을 것으로 여겨진다. 대홍수 기간에는 쓰나미 같은 파도로 물이 급속도로 출렁이면서 삽시간에 공룡들을 집어삼켰을 것이다. 진화론자들은 홍수가 국지적으로 일어났다고 설명하지만, 대홍수는 전 지구적 현상이었음을 보여 주는 증거가 세계 곳곳에서 발견된다. 여러 대륙에서 발견된, 수영하는 공룡들의 보행렬은 재앙적인 홍수가 전 지구적으로 나타났음을 증명한다.

용각류

위의 사진같이 미국 텍사스주 글렌 로즈 부근의 팔룩시강을 따라 자리한 석회암에 용각류 공룡에 의해 만들어진 보행렬이 남아 있다. 암석으로 변하기 전 부드러운 진흙에 만들어진 흔적이 대홍수 중 급속도로 매몰되었는데, 그 과정에서 발자국이 보존되었다. 이 장소에서 이런 발자국이 100개 이상 발견되었다.

1. 공룡의 기원과 역사

지리학자들은 그랜드 캐니언에서 볼 수 있는, 물결 자국이 나 있는 암석이 흐르는 물에 의해 만들어졌다고 말한다(오른쪽 사진). 과학자들 역시 흐르는 물에 의해 흙이 퇴적되어 만들어진 물결 무늬 암석을 많이 발견했다(이 암석에 공룡의 보행렬이 남아 있다). 이렇게 물결 자국이 정교하게 나 있는 표면은 대홍수 중 급속도로 퇴적 작용이 이루어졌음을 보여 준다.

공룡들은 물이 골반 높이까지 차오르자 어쩔 수 없이 수영을 하기 시작했다. 그 전에는 단순히 물속을 헤치며 걸어 다녔을 것이다.

종종 같은 방향을 향하는 공룡의 보행렬이 발견된다. 창조론자들은 이를 차오르는 물이나, 홍수로 인해 발생한 쓰나미 같은 파도를 피하기 위해 공룡들이 오르막으로 향한 것으로 해석한다.

미국 유타주 나바호 사암(Navajo Sandstone)은 사층리(한쪽으로 경사진 층리-역주) 형태의 사암층을 보존하고 있다. 빠르게 흐르면서 퇴적물이 섞인 물을 연구한 결과, 이런 사암층이 쓰나미 같은 파도에 의해 생성된 거대한 해저 모래 파도로 만들어졌다는 사실이 확인되었다. 창조과학자들은 이것이 대홍수 때문이라고 본다.

빙하기의 공룡

창세기 6장 20절에 따르면, 노아는 모든 종류의 육지 동물을 쌍으로 방주에 태웠다. 이는 공룡이 대홍수에서 살아남았고, 이후 이어진 빙하기 때도 살았음을 의미한다.

세속 과학자들은 지구가 수백만 년에 걸쳐 주요한 빙하기를 최소 다섯 번 겪었다고 믿지만, 다섯 번은 고사하고 단 한 번의 빙하기가 어떻게 발생했는지도 설명하지 못한다. 하지만 성경은 그 이유를 설명한다. 바로 노아 홍수다. "큰 깊음의 샘들이 터지며"(창 7:11), 그 결과 화산 활동이 대양의 온도를 높이고 어마어마한 양의 화산재를 대기에 뿜어 냈다. 이 화산재가 태양 빛을 가리고 지구의 고위도 지역을 차갑게 식혔다. 이로 인해 빙상이 커져 오늘날의 빙상 크기 3배 이상 되는 지역을 뒤덮었다. 시간이 지나면서 지구의 화산 활동이 잦아들었고, 많은 양의 빙상이 녹았다.

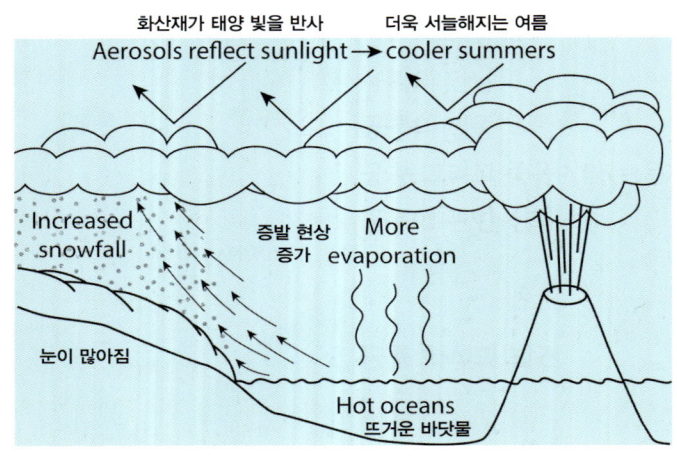

빙하기는 딱 한 번 있었고, 약 500년간 지속했다.

빙하기를 야기한 대홍수

대홍수 기간에 있었던 화산 활동이 대양의 온도를 높였다. 홍수가 끝난 후 이 뜨거워진 대양의 물로 인해 막대한 증발이 일어났다. 증가한 습기 때문에 고위도 지대에 눈이 더 많이 왔다. 또한 잔여 화산 활동이 대기의 화산재 양을 증가시켰다. 짙게 낀 화산재는 상당량의 태양 빛을 반사해 버렸다. 그러자 여름에도 계속해서 서늘한 상태가 유지되고 눈이 녹지 않아 두꺼운 빙상이 형성되었던 것이다. 홍수 이후 지구가 안정기에 접어들자 바닷물이 식고 화산 폭발도 줄어들면서 빙하기가 끝나 갔다.

공룡은 어디에 살았을까?

빙하기 동안 남북의 극지방에서 빙상이 바깥으로 확장하면서 사람과 동물을 적도 지방으로 몰아냈다. 고위도 지대에 엄청난 눈을 퍼부은 빙하기의 폭풍은 또다시 적도 부근에 많은 양의 비를 쏟아부었다. 오늘날 사막이 주를 이루는 중동과 아프리카 지역은 열대 기후였을 가능성이 크다. 공룡들은 방주에서 나온 다른 동물들과 함께 우거진 초목 지대에서 번성했을 것이다. 그런데 빙하기 이후 땅이 건조해지자 공룡들은 서식지를 잃어버리게 되었을 것이다.

지구 곳곳으로 퍼져 나가다

공룡처럼 생긴 짐승(종종 용이라 불렸다)에 관한 전설이 세계 곳곳에 전해져 오고 있다. 공룡은 대홍수 이후 어떻게 세계 곳곳으로 퍼져 나가게 되었을까? 창세기 9장 2절을 보면 방주에서 떠난 후 동물들이 인간에 대한 두려움을 갖게 되었음을 알 수 있다. 그래서 공룡들도 인간의 정착지에서 멀리 떨어지게 되었던 것이다. 빙하기 동안 빙상이 점점 더 커지면서 세상을 뒤덮고 있던 물의 상당량을 차지했다. 그래서 해수면이 수십 미터 내려갔고, 오늘날은 물에 잠겨 있는 육지 다리(대륙이나 섬 사이를 연결하는 육지)가 드러났다. 공룡과 다른 동물들은 이런 육지 다리를 통해 지구 곳곳으로 퍼져 나갈 수 있었을 것이다.

> 대홍수 이전에는 동물들이 오늘날처럼 인간을 두려워하지 않았다. 하지만 대홍수 이후 하나님은 다음과 같이 말씀하셨다.
> "땅의 모든 짐승과 공중의 모든 새와 땅에 기는 모든 것과 바다의 모든 물고기가 너희를 두려워하며 너희를 무서워하리니"(창 9:2).

공룡과의 만남

바벨탑 사건 이후 사람들은 전 세계로 흩어졌고, 그들보다 먼저 세상 곳곳으로 이동한 공룡들과 만나게 되었다. 공룡과의 만남은 빙하기와 이후 수 세기 동안 계속되었다. 여기서 용에 관한 수많은 전설이 나온 듯하다. 중동에는 '벨과 용'(Bel and the dragon), '성 조지와 용'(St. George and the dragon) 같은 공룡의 전설에 관한 기록이 있다. 유럽과 극동에도 용과의 만남에 관한 기록이 많다.

바벨탑

하나님은 노아의 가족에게 홍수 이후 "땅에 충만하라"고 명하셨다. 그러나 창세기 11장을 보면, 사람들은 하나님의 말씀을 거역하고 방주가 상륙한 곳 가까이에 모여 살았다. 그리고 그들 자신을 기리고자 커다란 탑을 쌓기 시작했다. 이에 하나님이 진노하시고 인간의 언어를 뒤죽박죽 섞으셔서, 빙하기 동안 인간이 세상 곳곳으로 퍼져 나가게 만드셨다. 이들이 세상에 정착하면서 공룡을 만난 것이다.

용과의 만남

노아 시대의 대홍수가 끝난 후 공룡은 다른 동물들과 함께 세상 각지로 이동했고, 숫자가 점점 더 증가했다. 창세기 11장의 바벨탑 사건 이후 인간 역시 이동하면서 공룡과 만나게 되었고, 이를 기록하여 문헌이나 미술 작품, 구전 문화 등으로 남겼다. 이 기록이 세대에서 세대로 전달되었다.

"공룡"이라는 단어가 생겨나기 오래전부터 사람들은 이 거대한 육상 파충류를 괴물, 뱀, 용 등을 포함해 다양한 이름으로 불렀다. 용과 관련한 수많은 전설을 세계 곳곳의 역사를 통해 찾아볼 수 있다. 알렉산더 대왕(Alexander the Great, B.C.356-B.C.323), 다마스쿠스의 존(John of Damascus, 675-749), 마르코 폴로(Marco Polo, 1254-1324)와 같은 인물들이 용에 대해 언급하기도 했다. 또한 요세푸스(Josephus, A.D. 1세기), 헤로도토스(Herodotos, B.C. 4세기)와 같은 고대 역사가들도 용이나 날개 달린 뱀에 대해 이야기했다. 원주민들, 특히 미국 남서부 지역에 거주했던 사람들이 남긴 암각화와 상형 문자에서도 이따금 공룡과 매우 흡사한 짐승이 나온다.

마르코 폴로

이탈리아 베네치아 출신의 여행가이자 상인인 마르코 폴로는 중국, 페르시아, 버마, 티베트로의 원정 여행 기록을 모아 『동방견문록』(The Travels of Marco Polo)이라는 책을 냈다. 그는 여행하면서 다양한 동물을 목격한 일을 기록했는데, 그중에는 짧은 다리와 발톱, 커다란 턱과 날카로운 이빨을 가진 거대한 "뱀"도 포함되어 있다. 언뜻 보면 악어를 묘사한 것 같지만, 그는 이 동물의 다리가 악어처럼 4개 달린 것이 아니라, 몸 앞쪽에 짧은 다리가 2개 달려 있다고 기록했다. 이 동물은 공룡일 수 있다.

알렉산더 대왕

전해지는 말에 따르면, 마케도니아의 왕 알렉산드로스 3세(Alexander III, 알렉산더 대왕이라고도 한다)는 B.C.326년에 인도를 침공할 당시 동굴에서 군사들과 함께 쉭쉭거리는 용을 보았다고 한다.

공룡 암각화일까?

유타주의 내추럴 브리지스 국립천연기념물(Natural Bridges National Monument) 카치나교(Kachina Bridge)에는 용각류 공룡을 묘사한 것으로 보이는 암각화가 있다.

1. 공룡의 기원과 역사

중국의 12간지

중국의 12간지에는 12가지 동물이 나오는데, 여기에 포함된 용은 유일하게 신화의 산물로 여겨진다. 수천 년 동안 12간지를 사용해 온 나라들이 11개는 말, 토끼, 원숭이 등 실제로 존재하는 동물을 넣었으면서, 굳이 하나는 "실제가 아닌 상상의" 동물을 포함한 이유가 뭘까? 중국의 12간지에는 뱀도 나오는데, 이는 12간지를 창안한 고대인들이 용과 다른 파충류의 차이점을 구분했다는 것을 보여 준다. 옛사람들이 공룡을 본 적이 있고, 그것을 용이라고 불렀으며, 따라서 12간지에도 포함했을 가능성이 크다.

나르메르 팔레트

나르메르 팔레트(Narmer Palette)로 알려진 고대 이집트 석판에는 사람들이 목이 긴 짐승 두 마리를 다루는 모습이 새겨져 있다. 이 짐승들의 다리는 몸에서 아래로 곧게 뻗어 있고, 목은 뱀같이 생겼다. 이는 용각류 공룡의 모습이다.

캄보디아의 사원 벽에 새겨진 스테고사우루스

캄보디아 시엠레아프 부근 타프롬(Ta Prohm) 사원에는 스테고사우루스의 모습이 새겨진 조각이 있다. 이 조각의 기원은 1100년대로 거슬러 올라가는데, 이는 과학자들이 스테고사우루스의 화석 뼈를 발견하기 거의 800년 전이다.

공룡의 멸종

오늘날까지 살아남은 공룡은 없다. 다만 지구 각 대륙에서 공룡의 흔적만 발견될 뿐이다. 공룡은 다른 많은 종과 더불어 갑자기 사라진 것 같다. 무슨 일이 벌어졌던 것일까?

공룡의 멸종을 설명하려는 이론만 수십 가지가 있다. 대부분의 과학자는 공룡이 백악기 말기 소행성이 지구와 충돌하는 재난으로 인해, 또는 급작스러운 기후 변화 때문에 죽었다고 믿는다. 그러나 공룡 같은 동물을 일시에 없애 버릴 만큼 파괴력이 강한 사건이 일어났다면, 포유류나 양서류처럼 공룡보다 훨씬 약한 종들 역시 멸종했을 것이다. 따라서 소행성 충돌로 인한 멸종 이론은 이치에 맞지 않는다. 그리고 혹독한 추위나 더위가 왔다는 식의 급격한 기후 변화 이론도 설득력이 떨어진다. 지금은 멸종한 생물들이 혹독한 기후 양식에 영향을 덜 받는 곳으로 이동해 생존했을 것이기 때문이다.

그렇다면 그 밖에 어떤 이유로 수많은 짐승이 죽어서 매몰된 것일까? 전 지구적으로 일어난 대홍수 때문이라면 가능하지 않을까?

> 지구의 거의 모든 공룡이 노아 시대의 대홍수 때 죽었다. 성경은 방주에 탄 동물들을 제외하고 "땅 위에 움직이는 생물이 다 죽었으니 곧 새와 가축과 들짐승과 땅에 기는 모든 것과 모든 사람이라" (창 7:21)라고 말한다.

화석 무덤

공룡 뼈는 종종 거대한 화석 무덤에서 발견된다. 이런 골층들은 세계 곳곳에 존재한다. 빽빽하게 모여 있는 이 뼈들이 전 지구적인 홍수가 있었음을 의미하는 강력한 증거다. 이 뼈 화석들이 발굴된 곳이 한때 물기 많은 진흙이었던 장대한 퇴적암층이기 때문이다. 다양한 생물과 함께 매몰된 공룡의 화석이 종종 발견되는데, 이는 이 모든 생물이 동시에 죽었고 사체가 썩거나 다른 동물에게 먹히기 전에 신속하게 매몰되었다는 사실을 가리킨다.

메갈로사우루스

강력한 힘

가장 커다란 공룡은 무게가 수십 톤이 나갔다. 그런데 화석 무덤에서 발견된 것들은 아주 강력한 힘에 압도되어 매몰되었다. 그렇게 거대한 짐승도 이겨 내지 못할 만큼 어마어마한 힘이었던 것이다. 그런데 어린 공룡은 화석 무덤에서는 거의 발견되지 않는다. 이는 어린 공룡들이 스트레스를 받는 상황에서 도망을 치다가 진흙이 섞인 물에 휩쓸렸다는 것을 가리킬 수 있다. 전 지구적 대홍수 같은 파멸적인 사건이 일어난 것이 틀림없다.

방주에 탄 공룡들은 어떻게 되었을까?

노아의 방주에 탄 공룡들은 대홍수에서 살아남았다. 그런데 대홍수 이후 포유류, 파충류, 양서류 등의 많은 종이 살아남았는데, 왜 방주에 탔던 공룡들의 후손은 멸종했을까? 바벨탑 사건 이후 빙하기가 오고 해수면이 낮아져 육지 다리가 만들어졌는데, 이 육지 다리를 통해 동물들이 먼저 이동했고, 이후 인간도 같은 경로를 따라 이동하며 전 세계로 퍼져 나가기 시작했다. 인간은 새로운 지역에 정착하면서 공룡을 포함한 다양한 동물과 만나게 되었다. 인간은 안전에 위협이 되는 몇몇 동물들은 폭력적인 방식으로 대했을 것이고, 식량을 얻기 위해 커다란 동물을 사냥하기도 했을 것이다. 용에 관한 전설과 역사적 기록은, 몇몇 공룡이 중세 시대까지 살아남았지만, 멀고 외딴곳에서 살아남은 일부를 제외하고는 더 이상 지구를 활보하고 다니지 못했음을 암시한다.

서식지를 잃어버리다

빙하기가 끝나면서 바닷물이 식고, 화산 활동이 줄어들고, 눈이나 호우도 잦아들었다. 이전에 열대 지역이었던 중동과 아프리카의 적도 주변 땅이 건조해지기 시작하면서, 공룡들은 이 지역에서 떠날 수밖에 없었다. 인간의 수가 증가하는 것을 포함해, 바닷물의 수위가 올라가고, 눈이 녹고, 가뭄이 발생하는 등의 기후 변화로 인해 공룡은 서식지를 잃어버리게 된 것 같다. 이 모든 것이 원인이 되어 대홍수 이후 공룡의 숫자가 줄어들었을 것이다.

수각류 공룡의 발자국

공룡의 흔적은 전 세계 1,500여 곳에서 발견된다. 이런 공룡 발자국 대부분은 대홍수 때 공룡들이 차오르는 물을 피해 높은 곳으로 이동하면서 생겨났다.

공룡 그리고 죽음이라는 문제

만약 진화론이 사실이라면, 이전 생명체들이 좀 더 복잡하고 진보한 생명체로 천천히 진화하기 위해 수억 수천만 년 동안 죽어 갔어야 했다.

하지만 성경에 따르면, 죽음과 악은 인간이 죄를 지은 후 세상에 들어왔다. 하나님은 아담에게 "땅은 너로 말미암아 저주를 받고 너는 네 평생에 수고하여야 그 소산을 먹으리라……네가 흙으로 돌아갈 때까지"(창 3:17, 19)라고 말씀하셨다. 아담과 하와는 그들의 죄로 인해 하나님과의 관계가 끊어졌다. 하나님은 그들뿐 아니라 우리 모두를 구하기 위해 구원자를 보내셔야 했다.

따라서 공룡이 어디에서 비롯되었으며 얼마나 오랫동안 살았는지는 이제 단순히 흥미로운 질문이 아니다. 아담 이전에 죽음이 있었다면, 죽음은 죄의 결과가 아니었을 것이다. 그렇다면 예수님이 십자가에서 죽으신 것으로 죄의 대가를 치를 수 없었을 것이므로, 그 행위는 불필요한 일이 된다. 그리고 죄의 대가가 치러지지 않는다면, 우리는 여전히 하나님과 떨어져 있는 상태인 것이다. 진화론의 관점에서 공룡을 보면 하나님의 구원이 들어설 자리가 없다. 하지만 성경의 역사는 오직 예수님만이 주실 수 있는 소망이 우리에게 있다고 말한다.

아담이 죄를 짓기 이전에는 죽음이 없었다. "그러므로 한 사람으로 말미암아 죄가 세상에 들어오고 죄로 말미암아 사망이 들어왔나니 이와 같이 모든 사람이 죄를 지었으므로 사망이 모든 사람에게 이르렀느니라"(롬 5:12).

채식

타락 이전에는 공룡을 비롯해 모든 동물이 채식을 했다. 하나님은 창세기 1장 30절에서 이렇게 말씀하셨다. "또 땅의 모든 짐승과 하늘의 모든 새와 생명이 있어 땅에 기는 모든 것에게는 내가 모든 푸른 풀을 먹을거리로 주노라." 인간도 마찬가지였다. 그러나 대홍수 이후 하나님은 노아에게 "모든 산 동물은 너희의 먹을 것이 될지라 채소같이 내가 이것을 다 너희에게 주노라"(창 9:3)라고 말씀하시며 인간에게 육식을 허락하셨다.

아담 이전에는 죽음도 화석도 없었다

진화론자들은 최초의 생명체가 진화한 후 수십억 년이 흐른 다음 인류가 출현했다고 믿는다. 그래서 대부분의 화석 기록이 인류의 출현 이전부터 발생했다고 생각한다. 그러나 아담이 죄를 짓기 전까지는 죽음이 없었으므로 아담 이전에는 화석이 만들어질 수 없었다. 화석이란 죽은 동물이나 식물로부터 만들어지는 것이기 때문이다. 하나님은 모든 것을 완벽하고 완전하게 형성된 모습으로 창조하셨다. 박물관에서 볼 수 있는 거대한 공룡 화석을 포함해 우리가 오늘날 발견하는 대부분의 화석은 노아 시대의 대홍수 동안 만들어진 것이다.

질병과 폭력

타락 이후 세상은 부패하기 시작했고, 하나님이 결함 없이 창조하신 것들이 질병과 폭력을 경험하기 시작했다. 이 불쌍한 티라노사우루스는 질병은 물론 폭력까지 모두 경험했다. 척추에는 암 같은 종양이 있고, 두개골의 상단부에는 근육에 붙어 있었을 것으로 추정되는 골혹 같은 것이 부러져 있다. 삽입된 사진에 나온 이 골혹의 측면을 살펴보면, 이빨 구멍이 있고, 부러진 뼈의 돌출된 부분을 따라 두 번째 이빨 자국이 시작되는 것이 보인다. 이 티라노사우루스는 치열한 싸움을 벌였던 것 같다. 다른 공룡 화석들도 하나님이 창조하신 보시기에 심히 좋았던 세상에 죄가 들어와 나타난 현상과 비슷한 징후를 보여 준다.

포식자는 어디에서 비롯되었을까?

하나님이 지구상의 모든 창조물이 채식을 하게 만드셨다면, 송곳니와 발톱 또는 그 밖에 살상의 특징을 가진 동물은 왜 있는 것일까? 사실 날카로운 이빨과 발톱이 있다고 반드시 그 동물이 육식을 하도록 창조되었음을 의미하지는 않는다. 특정 곰이나 박쥐 등 현대의 수많은 동물이 식물이나 과일을 먹는 데 뾰족한 이빨을 사용한다. 심지어 악어들도 식물을 먹는 모습이 종종 발견되곤 한다. 몇몇 공룡들이 고기를 찢는 데 사용했던 이빨과 발톱이 이전에는 식물을 찢는 데 사용되었을 수 있다. 죄가 세상에 들어오게 되자 창조 전체가 바뀌어 버렸다. 창세기는 "그때에 온 땅이 하나님 앞에 부패하여 포악함이 땅에 가득한지라"(창 6:11)라고 말한다. 공룡이나 다른 동물이 포식자로 변하는 데 진화가 필요한 것은 아니었다. 타락으로 인해 동물의 행동이 극적으로 변한 것뿐이다.

> 포식자는 사냥하고 죽이는 방법을 배워야 한다. 성공적으로 사냥할 수 있는 기술을 타고난 것이 아니기 때문에, 부모나 무리 중의 다른 동물에게 죽이는 방법을 배워야만 한다.

공룡에 관한 신화

찰스 다윈(Charles Darwin)이 『종의 기원』(On the Origin of Species)을 발표한 이후 과학자들은 공룡에 관해 많은 것을 알게 되었고, 지금도 공부하고 있다. 공룡이라는 흥미로운 파충류에 관해 유효한 과학적 정보가 많다고 하지만, 잘못된 정보와 그릇된 가정도 즐비해 증거가 보여 주는 진실을 가리기도 한다. 공룡의 삶과 역사를 이해하는 방법에 영향을 미친 몇 가지 이야기를 소개하겠다.

팔룩시강의 흔적

텍사스주 글렌 로즈 부근의 팔룩시강은 공룡의 발자국 흔적으로 유명한 곳이다. 식별이 가능한 공룡 발자국과 함께 인간의 발자국 같은 길쭉한 모양의 흔적도 함께 발견되었다. 많은 사람이 이를 공룡과 인간이 공존했다는 증거로 받아들였다. 하지만 시간이 흐르면서 이런 흔적들은 침식되었고, 지금은 인간이 남긴 발자국으로 보이지 않는다. 이런 흔적 중 많은 것이 세 발가락 공룡의 발처럼 보이는 독특한 적갈색의 발자국으로 변했다. 오스트레일리아에 있는 공룡 발자국 지대에서도 세 발가락 흔적 가운데 인간의 발과 닮은 흔적이 찍혀 있는 것이 발견되었다. 팔룩시강의 발자국 흔적이 인간이 공룡과 나란히 걸어 다닌 흔적이 아니라고 해도, 인간과 공룡이 같은 날 창조되었다는 창세기의 이야기를 뒷받침하는 증거는 아주 많다.

인간의 화석은 어디에 있을까?

인간과 공룡이 같은 시기에 살았다면, 인간의 화석도 공룡의 화석과 함께 발견되어야 한다고 말하는 사람들이 있다. 하지만 이 말이 사실일까? 대부분의 화석은 해양 생물의 것들이다. 육지 생물이 화석이 될 가능성은 훨씬 낮다. 살아 있던 생물을 퇴적층에 매몰해 버릴 만큼 강력한 홍수는 내륙 깊숙이 사는 포유류들을 휩쓸어 버릴 정도로 강했을 것이고, 대부분의 시신이 물 위에 떠올라 매몰되지 못했을 것이다. 그리고 나머지는 홍수가 나고 나중에 매몰되었을 것이다. 그렇다면 이들의 화석은 지표면 가까운 곳에 자리할 것이고, 홍수로 인한 물이 융기된 대륙으로 쇄도해 들어올 때 침식되거나 파괴되었을 것이다. 그리고 아마 인간과 공룡은 각기 다른 지역에 살고 있었을 것이므로, 공룡을 모두 집어삼킨 홍수의 파도가 동시에 인간도 함께 파멸시키지는 않았을 것이다. 인간의 화석이 없다는 것은 사실 진화론 입장에서 더욱 큰 문제다. 인류가 수십, 수백만 년 전부터 지구에 살기 시작했다면 그들의 화석은 대체 어디에 있는 것일까? 소수가 아닌 수십억 개의 인간 화석이 발견되어야 하지 않을까?

중간 형태

진화론에서는 살아 있는 모든 생물은 공통 조상에서 아주 오랜 시간 동안 일련의 작은 변화를 통해 진화해 왔다고 한다. 그렇다면 중간 형태의 화석이 많이 발견되어야 한다. 그러나 발견되지 않고 있다. 이러한 현상은 "빠진 고리"(missing link, 잃어버린 고리)라고 일컬어진다. 진화론자들에 의해서 빠진 고리라고 주장되는 화석들이 있지만, 모두 문제가 있다는 사실이 입증되었다. 그런 예 중 하나가 "아이다"(Ida)다. 2009년에 진화론자들은 아이다가 인간 진화의 연결 고리라고 널리 주장했지만, 멸종한 여우원숭이로 판명되어 사실이 아님이 밝혀졌다. 공룡이나 다른 화석을 중간 형태라고 말하는 진화론 과학자들이 있듯 그들의 의견에 반대하는 과학자도 있는 것이다. 빠진 고리는 여전히 실종된 상태다.

시조새 화석

"중간 형태"로 널리 알려진 것 중 하나가 공룡과 새 사이의 진화 과정에서 연결 고리로 보는 시조새(*Archaeopteryx*) 화석이다. 시조새는 길고 가느다란 꼬리를 가졌으며, 부리에는 이빨이 나 있는 등 그만의 독특한 특징을 띠지만, 중간 형태의 특징을 보이지는 않는다. 반은 비늘, 반은 깃털로 덮인 모습이 아니라 오늘날의 새처럼 완전하게 형성된 비행 깃털이 달린 모습이다. 또한 날개, 나뭇가지에 걸터앉을 수 있는 발, 창사골(wishbone, 조류의 목과 가슴 사이에 있는 V자형의 뼈-역주)과 같은 새의 주요 특징을 가지고 있다. 현재 많은 과학자가 시조새는 멸종한 새와 정확하게 흡사하다는 점에 동의한다. 하지만 각종 교과서와 박물관에서는 여전히 시조새를 빠진 고리라고 부른다.

아이다

설계된 특징

진화가 사실이라면, 수많은 공룡이 그들 이전에 출현한 형태와 이후 출현할 형태 사이의 특징을 가지고 있어야 한다. 하지만 화석 기록에는 이런 점이 나타나지 않는다. 대신 모든 공룡은 놀랍도록 복잡하고, 모든 신체 부위가 정확하게 그들에게 필요한 기능을 실행하도록 설계되었다. 그리고 모든 부위가 동시에 있어야 할 곳에 존재해야 했다. 그렇지 않다면 공룡은 제대로 움직이거나 기능하지 못했을 것이다. 예를 들어, 수많은 공룡의 척추는 매우 단단하고 밀도가 높다. 그러나 용각류의 척추는 움푹하게 패이거나 돌출된 부분이 있으며, 구멍이 뚫려 있고 가볍다. 용각류가 다른 공룡처럼 목뼈의 밀도가 높았다면, 머리를 들어 나무 꼭대기에 이르지 못해 나뭇잎을 따 먹지 못하고 굶어 죽었을 것이다. 공룡 진화설은 근거 없는 신화다.

시조새 화석

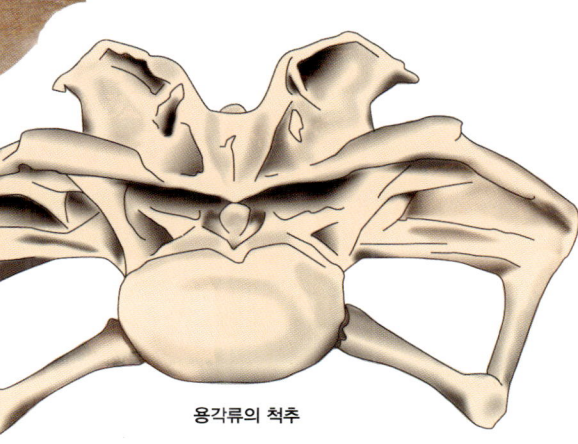

용각류의 척추

고비 사막 원정을 통해 식별 가능한 최초의 공룡알을 포함해 놀라운 공룡 화석이 출토되었다.

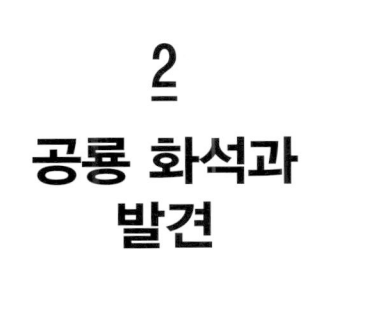

2
공룡 화석과 발견

화석

화석에 대한 연구는 고생물학 또는 화석학이라고 불린다. 고생물학은 여러 가지 면에서 고고학과 비슷하다. 그러나 고고학은 도기나 이집트의 미라처럼 인간이 남긴 유물에 집중한다. 오늘날 화석이 만들어지는 경우는 매우 드물다. 하지만 수십억 개의 화석이 전 세계 각지에 퍼져 있다. 그렇다면 화석화는 어떻게 이루어지는 것일까?

가장 중요한 조건은 무엇인가가 죽은 다음 그 사체를 다른 동물이 파헤치거나 뒤지지 못한 상태로 빨리 매몰되어 보존되어야 한다는 것이다. 그리고 어느 정도 깊은 곳에 매몰되어 산소 공급이 제한되고 부패는 천천히 이루어져야 한다. 따라서 어떤 재앙적인 사건이나 활동이 있어야 화석이 만들어질 수 있다. 노아 시대의 대홍수는 오늘날 우리가 찾은 화석화된 생물을 급속도로 깊은 곳에 파묻을 만큼 엄청난 에너지를 가졌음이 틀림없다.

화석의 유형

대부분의 화석은 1) 석화(광물 성분 삼투, 치환을 포함한다.) 2) 보존 3) 탄화 4) 몰드와 캐스트 5) 생흔 화석으로 범주를 나눈다.

석화

석화 작용에서는 근육 조직이나 혈관 등의 유기 물질 대부분이 없어지면서 원래의 생물체가 돌처럼 변한다. 지하수가 원래의 생물체를 용해하고 동시에 무기 광물질이 쌓이면서, 죽은 생물체는 세밀한 부분까지 보존된다. 석영과 황철석 같은 이런 퇴적물은 화석과 정확하게 똑같은 복제품을 남긴다(지질학자들은 이것을 연구한다). 이 과정은 조건만 맞으면 80일 동안에 이루어질 수 있다.

보존

이 유형의 화석은 원래의 생물체를 보유하고 있다. 보존 화석은 일반적이지 않지만, 과학자들이 보존된 공룡의 연부조직(soft tissue)을 계속해서 찾아내고 있다. 심지어 공룡 이빨에 있는 에나멜 성분까지 보존되어 있다. 용각류 배아와 티라노사우루스 다리뼈의 혈관을 포함해 몇몇 공룡 표본에서 보존된 상태의 연부조직이 발견되었다.

티라노사우루스의 이빨

2. 공룡 화석과 발견

몰드와 캐스트

몰드(mold)와 캐스트(cast)는 실제 생물체가 용해되면서 암석에 자국만 남긴 결과물로 일종의 자국 혹은 "형태"다. 내부 몰드는 생물체의 내부 흔적을 만들고, 외부 몰드는 생물체의 외부 흔적을 만든다. 공룡의 피부 흔적은 외부 몰드라고 할 수 있다. 캐스트는 원래의 껍질이나 뼈가 용해되면서 1차적으로 몰드가 먼저 만들어지고, 비어 있는 부분에 침전물이나 다른 광물이 채워져 만들어지는 2차 과정의 산물이다.

탄화

탄화 화석은 일반적으로 식물에서 만들어진다. 공룡이 탄화 화석 형태로 발견되는 일은 드물다. 하지만 공룡의 내장 기관이 탄소 잔류물로 보존되었다는 기록이 있기는 하다. 매장된 유기 물질이 "익거나" 건류 될 때, 가늘고 검은 탄소 잔류물을 남기면서 화석이 형성된다.

암모나이트 화석

양치류 화석

생흔 화석

생흔 화석은 발자국, 기어 다닌 자국, 파인 구멍 등 생물체의 활동 흔적을 나타내는 화석을 말한다. 분변 화석, 공룡이 음식을 소화하는 데 도움을 주는 위석(모래주머니 돌) 등도 포함한다.

조각류 공룡의 발자국 흔적

공룡의 이름은 어떻게 붙여졌을까?

공룡 고생물학자들은 생물학에서 사용하는 분류 체계와 같은 체계를 사용한다. 18세기 스웨덴의 식물학자 칼 폰 린네(Carl von Linné, 라틴어로 카롤루스 린나이우스[Carolus Linnaeus])가 만든 린네 분류 체계는 모든 멸종한 생물체와 살아 있는 생물체를 분류할 때 사용된다. 린네는 이 분류 체계를 이용해 창세기에 나온 "종류"를 설명하고자 했다. 그는 종류 안에 제한된 변화가 있었지만 이것이 아예 다른 종류로 변하지는 못했을 거라고 믿었다.

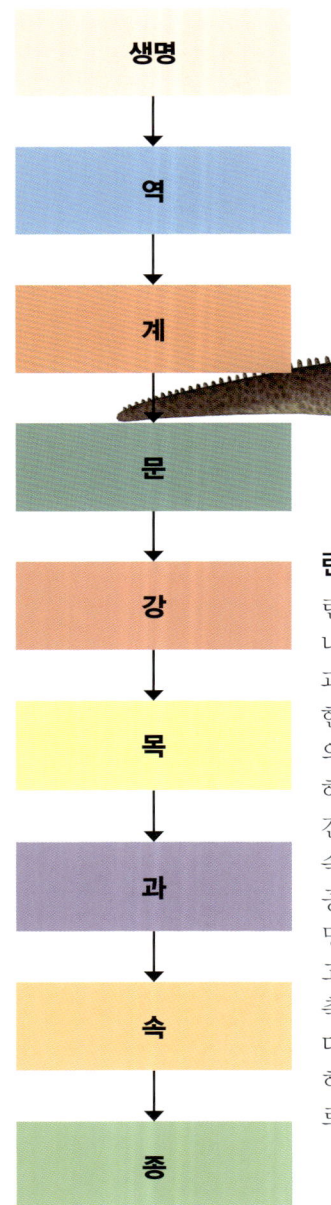

린네는 28세 때 2주일이 채 안 돼서 의학 박사 학위를 땄다.

린네의 분류 체계

린네의 분류 체계는 3개의 역(域, domain)으로 시작된다. 역은 계(界, kingdom)로 나뉘고, 거기에서 다시 더 작은 단위인 문(門, phylum), 강(綱, class), 목(目, order), 과(科, family), 속(屬, genus), 그리고 마지막으로 종(種, species)으로 분류된다. 멸종한 생물과 살아 있는 생물 모두 3개의 역 중 하나로 분류된다. 각 생물체는 고유의 속명(屬名, genus name)과 종명(種名, species name)이 지정되기까지 계속해서 이하 후속 단계로 분류된다. 그런데 안타깝게도 멸종한 생물체는 이 작업이 항상 간단하지가 않다. 그래서 새로운 발견이나 이론이 나올 때마다 수많은 공룡이 속한 그룹명이 바뀌기도 한다.

공식적인 학명은 라틴어 표기를 원칙으로 하며, 각 종의 학명을 나타낼 때 속명과 종명을 모두 쓰고 이탤릭체로 표기한다. 속명의 첫 글자는 대문자로 쓰고, 종명은 대문자 표기를 하지 않는다. 종명만 단독으로 쓰지 않으며, 최소한 축약된 속명이 들어가야 한다. 예를 들어, 렉스(*rex*)라고만 쓰는 것은 부적절하다. 티라노사우루스 렉스(*Tyrannosaurus rex*) 또는 티렉스(*T. rex*)라고 써야 한다. 흔히 "T-rex"라고 쓰는 경우가 많은데, 이름에 붙임표 '-'를 넣는 것도 과학적으로는 부적절하다.

티라노사우루스 렉스는 "폭군 왕 도마뱀"이라는 뜻이다.

2. 공룡 화석과 발견

칼 폰 린네

칼 폰 린네(1707-1778)는 스웨덴 출신의 식물학자로 네덜란드에서 의학 박사 학위를 받았다. 이후 스웨덴으로 돌아와서 1753년에 총 1,200쪽에 달하는 『식물의 종』(Species Plantarum)(전 2권)을 출판했다. 이 책을 통해 린네는 생물의 학명을 속명과 종명으로 나타내는 이명법(二名法)을 확립했다. 1761년 스웨덴 왕은 린네에게 귀족 작위를 내리고, 칼 폰 린네라는 이름을 부여했다.

새로운 공룡의 이름 붙이기

새롭게 발견된 공룡에 이름을 붙이는 작업은 매우 쉽다. 그리스어 또는 라틴어 어원 목록을 찾아보고 새롭게 발견된 속(屬) 표본의 특징을 묘사하는 단어를 찾는다. 예를 들어 "티라노"(Tyranno)는 폭군을 의미한다. 그다음에 그리스어나 라틴어 어원이 더해진다. 즉, "사우루스"(saurus)는 도마뱀 혹은 파충류라는 뜻이다.

종명을 발견자나 발견과 관련이 있는 사람을 기리는 데 이용할 수 있다. 이것도 반드시 라틴어로 표기해야 한다. 마다가스카르에서 발굴 작업을 하던 고생물학자들이 새로운 공룡을 찾았는데, 이름을 "사악한 도마뱀 노플러"라는 뜻을 가진 마시아카사우루스 놉플러아이(*Masiakasaurus knopfleri*)라고 붙였다. 과학자들이 발굴 작업을 하던 당시 록밴드 다이어 스트레이츠(Dire Straits)의 노래를 듣고 있었는데, 이 밴드의 싱어 겸 작곡가인 마크 노플러(Mark Knopfler)의 이름을 따서 붙였던 것이다. 미국 사우스다코타주 헬 크리크 층(Hell Creek Formation)에서 작업하던 또 다른 연구자들은 용처럼 뿔이 달린 공룡의 두개골을 발견했다. 그들은 이 공룡을 조앤 롤링(J. K. Rowling)의 『해리 포터』(Harry Potter)에 나오는 마법 학교 호그와트의 이름을 따 드라코렉스 호그와트시아(*Dracorex hogwartsia*)라고 명명했다.

드라코렉스 호그와트시아

최초의 발견

용을 보았다는 목격담은 수천 년 동안 이어져 왔다. 중국의 역사가 상거(常璩)는 B.C. 300년경 지금의 쓰촨성에서 발견된 "용"의 뼈에 대한 이야기를 썼다. 그가 오늘날 이 뼈에 대해 기록했다면 아마도 공룡 뼈라고 불렀을 것이다. 하지만 최초의 "공식적인" 공룡은 근대에 들어서야 그 이름이 붙여지고 기술되었다. 1677년 옥스퍼드대학교의 성직자이자 화학 교수인 로버트 플롯(Robert Plot)은 최초로 과학 문헌에 공룡 뼈에 관한 그림과 설명을 남겼다. 그는 옥스퍼드셔 부근에서 발견된 이 표본이, 로마인들이 브리튼에 들여온 현생 코끼리의 뼈라고 믿었다. 이 표본의 원본은 사라졌지만, 우리는 현재 그것이 메갈로사우루스(*Megalosaurus*)라고 불린 수각류 공룡의 대퇴골 부분이라고 믿는다.

로버트 플롯

윌리엄 버클랜드와 메갈로사우루스

메갈로사우루스는 이름이 붙여진 최초의 공룡으로, 옥스퍼드대학교 출신의 성직자 윌리엄 버클랜드(William Buckland)가 이름을 붙이고 특징을 설명했다. 버클랜드는 1815년 옥스퍼드셔 스톤스필드 부근에서 이빨과 턱뼈를 입수해, 프랑스 해부학자 조르주 퀴비에(Georges Cuvier)를 포함하여 여러 사람에게 전달했다. 그리고 1824년 이것에 메갈로사우루스라는 이름을 붙이고 그 특징을 발표했다. 1822년 영국의 외과 의사 제임스 파킨슨(James Parkinson)도 이 공룡의 이름을 메갈로사우루스라고 붙였지만 특징을 설명하지는 못했다.

메갈로사우루스

윌리엄 버클랜드

2. 공룡 화석과 발견

기디언 맨텔과 이구아노돈

윌리엄 버클랜드와 동시대인이었던 내과 의사 기디언 맨텔(Gideon Mantell)은 1825년 최초의 초식 공룡으로 밝혀진 공룡을 이구아노돈(*Iguanodon*)이라고 명명했다. 전하는 바에 따르면, 맨텔과 그의 아내 메리 앤은 1822년 잉글랜드 서섹스 부근에서 공룡의 이빨과 뼈를 발견했다. 맨텔은 1833년 멸종한 파충류 3가지(이는 이후 공룡으로 밝혀졌다)의 일부분도 발견했다. 안타깝게도 19세기 영국에서 발견되고 이름이 붙여진 공룡 표본 대부분은 파편들이며, 이구아노돈의 초기 복원 모형 코끝에는 코뿔소의 뿔 같은 것이 달려 있었다. 오늘날에도 영국에서 발견되는 표본은 거의 없다. "공룡"이라는 용어를 만들어 낸 리처드 오언이 이렇게 부족한 증거만으로 멸종한 파충류 집단을 정의 내릴 수 있었다는 것은 놀라운 일이다.

이구아노돈

기디언 맨텔

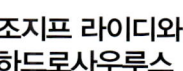

맨텔이 부정확하게 그린 이구아노돈의 그림

조지프 라이디와 하드로사우루스

펜실베이니아대학교 해부학 교수인 조지프 라이디(Joseph Leidy)는 미국에서 발견된 최초의 공룡에 대해 설명했다. 그는 뉴저지주 해돈필드 부근에서 W.P.폴크(W.P. Foulke)에 의해 발견된 뼈 무더기를 조사한 뒤 1858년 이 공룡의 이름을 하드로사우루스라고 지었다. 1856년 라이디는 몬태나주에서 발견된 이빨이 공룡의 것이라는 점을 밝혔는데, 이는 서반구에서 발견된 최초의 공룡이었다. 영국의 조각가 벤자민 워터하우스 호킨스(Benjamin Waterhouse Hawkins)는 1868년 필라델피아에 있는 자연과학 아카데미에 하드로사우루스의 골격을 복원해 놓았다.

하드로사우루스

조지프 라이디

최초의 공룡 발자국

1802년 플리니 무디(Pliny Moody)라는 십대 소년이 뉴잉글랜드 지방에서 밭을 갈다가 최초로 공룡 발자국을 발견했다. 당시에는 공룡이라는 동물에 대해 이해하지 못했기 때문에, 무디의 발견은 한참 동안 주목받지 못했다. 공룡 발자국에 관한 최초의 작업은 19세기 중반 에드워드 히치콕(Edward Hitchcock)에 의해 이루어졌다. 안타깝게도 당시의 과학자들은 대부분 공룡 뼈를 찾는 데 열중했고, 상대적으로 공룡 발자국은 무시되었다.

공룡 뼈 사냥의 경쟁 시대

1870년대부터 1890년대까지 경쟁 관계에 있던 과학자 에드워드 드링커 코프(Edward Drinker Cope)과 오스니얼 찰스 마시(Othniel Charles Marsh)에 의해 공룡 뼈 발굴 탐험이 치열하게 벌어졌다. 필라델피아 출신인 코프의 집안은 해운업으로 재산을 모아 거부가 되었다. 뉴욕 출신인 마시의 삼촌은 백만장자 은행가인 조지 피바디(George Peabody)였다. 코프는 공식적인 학사 학위를 따지 못했지만, 마시는 예일대학교를 졸업했고 1862년에는 셰필드 과학 학교에서 석사 학위를 받았다. 두 사람은 1863년 베를린에서 처음 만났다. 1869년 코프와 마시는 엘라스모사우루스(Elasmosaurus)라는 해양 파충류의 유해를 둘러싸고 의견 충돌을 벌였다. 이 사건은 뼈 전쟁(혹은 공룡 뼈 발굴 대탐험)이라고 불리는 30년간의 경쟁의 시발점이 되었다. 가장 새로운 종의 화석을 찾기 위해 두 사람은 막대한 자금을 쏟아부었다.

오스니얼 찰스 마시(뒷줄 가운데)와 그의 조력자들

1896년 미국 과학진흥협회 모임에 참석한 에드워드 드링커 코프
(오른쪽에서 세 번째)

코프와 마시는 경쟁적으로 종종 공룡 사냥꾼들을 고용해 미국 서부의 채석장을 샅샅이 뒤지며 새로운 뼈와 화석을 찾게 했다. 어떤 사냥꾼들은 표본 일부를 마시와 코프 두 사람 모두에게 보내고 돈을 많이 주는 이에게 나머지를 넘겼는데, 대개는 마시가 뼈를 차지하곤 했다. 이 사냥꾼들이 개발한 발굴 기술을 오늘날의 공룡 사냥꾼들도 이용하고 있다. 경쟁이 치열하고 항상 서두르던 탓에, 사냥꾼들에 의해 몇몇 공룡 뼈 채석장이 파괴되었고, 새로운 종의 이름을 붙이는 데 실수도 종종 일어났다. 와이오밍주 코모 블러프, 콜로라도주 모리슨과 캐니언 시티 등을 포함해 수많은 유명 공룡 채석장이 문을 열었다. 코프와 마시의 경쟁과 토론을 통해 아파토사우루스(Apatosaurus), 스테고사우루스, 트리케라톱스 등 가장 유명한 공룡 속이 탄생했다. 마시는 용각류, 수각류, 조각류의 아목(亞目, suborder)을 포함해 지금도 사용하고 있는 공룡 분류 체계의 기초를 확립했다.

조지 피바디와 피바디 자연사 박물관

피바디 자연사 박물관

마시는 삼촌인 조지 피바디를 설득해 1863년 예일대학교에 막대한 기부금을 내게 했고, 이 돈으로 피바디 자연사 박물관을 설립했다. 마시는 이 기부금을 이용해 대학에서 특혜를 얻어 내기도 했다. 1866년 그는 역시 삼촌이 자금을 대는 예일대학교 고생물학과 학과장에 임명되었다. 마시는 가장 많은 공룡을 발견하고 속명을 지은 기록을 보유하고 있다.

2. 공룡 화석과 발견

뼈 전쟁은 어떻게 시작되었을까?

1869년 코프는 마시를 초대해 필라델피아 자연과학 아카데미에 건설해 놓은 엘라스모사우루스 플레이티루스(*Elasmosaurus platyrus*)의 뼈를 보여 주었다. 약 11m 길이의 수영하는 이 파충류는 당시 미국에서는 하드로사우루스 이후 두 번째로 복원된 공룡 뼈 전시물이었다. 마시는 코프가 꼬리 부분에 머리를 붙였다고 지적했고, 그러면서 불화가 시작되었다. 그들은 당시 고생물학 전문가로 활동하던 의사 조지프 라이디를 불렀고, 라이디는 코프의 실수를 확인시켜 주었다. 하지만 코프는 공룡 뼈를 잘못 부착한 상태로 자신의 발견을 발표해 버린 상태였다. 그는 자신의 실수가 자세하게 실려 있는 논문을 재빨리 다시 사들이려고 했지만, 이미 그에 대한 평판은 나빠진 상태였다.

이 실수 이후로 코프는 계속해서 마시에 의해 좌절을 맛보았다. 그는 평생 1,400편에 달하는 논문을 출간했는데, 자비 출간이 많기는 했지만 여전히 관련 과학 논문 발간 기록을 보유하고 있다. 코프는 공룡 이외에도 물고기와 도마뱀, 포유류를 포함해 다른 많은 종의 이름을 붙였다. 만년에 코프는 생계를 위해 자신이 모은 화석 대다수를 헐값에 팔아야 했다. 그는 자신의 뇌가 마시의 것보다 더 크다고 확신해 사후 뇌의 무게를 측정해 두었다. 코프가 사망하고 2년 후 마시도 죽었다. 하지만 마시는 자신의 뇌를 그대로 보존하라는 유언을 남겼다.

엘라스모사우루스

브론토사우루스

마시는 1879년 브론토사우루스(*Brontosaurus*)의 이름을 지었다. 하지만 그의 표본에는 머리가 없었다. 이는 당시 용각류 공룡 화석의 일반적인 문제였다. 마시는 수 킬로미터 떨어진 곳에서 다른 공룡의 머리를 발견했고, 그 머리를 복원한 몸통에 붙였다. 나중에 고생물학자들은 이것이 브론토사우루스의 머리가 아니라 비슷한 크기의 카마라사우루스(*Camarasaurus*)의 머리라는 사실을 알게 되었다.

카마라사우루스의 두개골

트리케라톱스

마시는 1888년 몬태나주 주디스강 지층에서 존 벨 해처(John Bell Hatcher)가 발견한 두개골에 트리케라톱스 속이라고 이름을 붙였다. 그는 처음에 이 두개골이 보존이 잘된 현생 들소의 머리뼈라고 생각해서 무시했다.

트리케라톱스의 두개골

트리케라톱스

공룡 사냥꾼들

에드워드 드링커 코프와 오스니얼 찰스 마시 이후 세대의 공룡 사냥꾼은 헨리 페어필드 오스본(Henry Fairfield Osborn), 바넘 브라운(Barnum Brown), 찰스 스턴버그(Charles Sternberg) 등이 있다. 오스본은 1897년 뉴욕 자연사 박물관 고생물학부에서 작업을 시작했다. 뉴욕 자연사 박물관에서는 코프가 모은 화석들을 3만 2천 달러에 구매한 바 있다. 오스본은 이 박물관을 공룡 화석의 산실로 만들기로 했다. 그는 바넘 브라운과 찰스 스턴버그 같은 공룡 사냥꾼을 고용해 견본을 발굴하게 했다. 브라운과 스턴버그는 와이오밍주 코모 블러프에서 발굴 작업을 했고, 아파토사우루스, 카마라사우루스, 디플로도쿠스의 견본을 포함해 7년 동안 517개의 공룡 뼈를 발굴했다.

1897년 미국 자연사 박물관 원정에 참여해 코모 블러프에서 발굴 작업 중인 바넘 브라운(왼쪽)과 헨리 페어필드 오스본(오른쪽). 앞에는 디플로도쿠스의 다리뼈가 있다.

바넘 브라운

바넘 브라운은 1895년 여름 와이오밍주에서 발굴 작업을 하던 중 처음으로 트리케라톱스의 두개골 화석을 발견했다. 미국 자연사 박물관은 1897년 여름 와이오밍주의 비슷한 지역 원정에도 브라운을 고용했다. 브라운은 1902년 최초로 티라노사우루스 렉스의 견본을 발굴했고(1905년 오스본이 이름을 붙이고 특징을 기술했다), 1908년 이 공룡의 골격을 두 번째로 발견했다. 브라운은 가장 많은 공룡 뼈를 찾아낸 발굴자가 되었고, 이후로도 계속해서 미국 자연사 박물관을 위해 공룡 뼈 발굴에 힘썼다.

티라노사우루스 렉스

1908년 찰스 스턴버그와 그의 아들은 미라가 된 에드몬토사우루스(Edmontosaurus)를 발견했다(오른쪽 사진). 보존이 잘된 상태라 솔잎, 잔가지, 씨앗과 뿌리 등 위 내부의 내용물을 포함해 피부와 복부도 남아 있었다.

모리슨 층

모리슨 층

에드워드 드링커 코프와 오스니얼 찰스 마시에게 고용되었던 대부분의 공룡 사냥꾼들은 1870년대부터 1890년대까지 모리슨 층(Morrison Formation)에 수많은 채석장을 열었다. 모리슨 층은 미국 서부 지역에 위치하며 여러 주에 걸쳐 형성되어 있는데, 주마다 이름을 달리 부르지 않고 모두 모리슨 층으로 불리는 몇 안 되는 암석 단위다. 아서 레이크스(Arthur Lakes)와 헨리 벡(Henry Beck)이 1877년 3월 26일에 이 지역을 조사하던 중 공룡 뼈를 발견했고, 이후 지층 이름으로 콜로라도주 모리슨을 땄다. 레이크스와 벡은 견본을 마시와 코프에게 보냈고, 마시가 먼저 발굴 작업의 한 달 급료로 100달러를 제안했다. 레이크스는 그해 후반 모리슨 공룡 뼈 발굴 채석장을 열었고, 먼저 아파토사우루스를, 그리고 이후 스테고사우루스 견본을 발굴했다. 콜로라도주, 유타주, 와이오밍주의 현장을 포함해 다른 채석장에서도 공룡 뼈가 발견되었다.

모리슨 층에 위치한 국립공룡유적지 채석장

와이오밍주 코모 블러프

와이오밍주 코모 블러프의 모리슨 층에서도 수많은 공룡 뼈가 나왔다. 19세기에는 양치기들이 오두막을 짓는 데 26,000개의 화석 뼈를 이용했을 정도다. 코모 블러프의 발굴자들은 물고기, 개구리, 도마뱀, 거북, 악어, 프테로닥틸루스(익룡), 그리고 포유류의 화석이 공룡 화석과 섞여 있는 것을 발견했다. 이러한 발견은 현존하는 포유류, 물고기, 개구리 등이 공룡 및 프테로닥틸루스와 동시대에 살았음을 가리킨다. 다른 지층에서는 공룡과 새가 함께 있는 화석이 발견되었는데, 이는 공룡이 새로 진화했다는 이론(오늘날 널리 알려졌으나 증명되지 않았다)이 맞지 않다는 사실을 보여 준다.

찰스 스턴버그

찰스 스턴버그는 1870년대에 코프의 지원으로 화석을 수집하기 시작했다. 스턴버그와 코프는 1876년 몬태나주에서 발굴 작업을 하면서, 배에 싣고 운반할 때 화석 뼈를 보호하기 위해 석고와 마대 천으로 끈을 만들어 이용하는 방법을 개발했다. 스턴버그는 일정 기간 미국 자연사 박물관에 고용되어 활동했지만, 주로 세 아들과 함께 특별한 소속 없이 개별 활동가로 화석을 발굴했다. 1908년 그는 최초로 미라가 된 에드몬토사우루스(오리와 비슷한 주둥이를 가졌다)를 발견했다.

찰스 스턴버그

스턴버그가 발견한, 미라가 된 에드몬토사우루스

실제 공룡 발굴

화석 사냥꾼들은 어디에서 공룡 뼈를 찾으며, 땅에서 뼈를 파내는 작업은 어떻게 시작할까? 이를 알아내기 위해 미국창조과학연구소(ICR)의 대럴 로빈슨(Daryl Robbins)과 브라이언 토마스(Brian Thomas)가 2014년 여름 몬태나주로 갔다.

이들의 행선지는 동부 몬태나주에 펼쳐져 있는 거대 암석 지대, 헬 크리크 층이었다. 과학자들은 이 지층 노출부에서 손꼽힐 정도로 보존이 잘된 공룡 화석을 발견했다. 로빈슨과 토마스는 글렌다이브 외곽 개인 소유 부지에서 작업하는 발굴팀에 3일 일정으로 합류했다.

몬태나주 글렌다이브 부근의 배드랜드

발굴지 풍경

발굴 작업은 작은 언덕의 노출부에서 이루어졌다. 먼저 작업을 시작한 그룹이 화석이 묻힌 층까지 약 1.5m 정도의 흙과 기타 물질을 제거했다. 발굴 지역은 언덕, 사암 절벽과 이암 골짜기로 둘러싸인 곳에 있다. 화석을 발굴할 퇴적층에는 점토층, 이판암, 그리고 탄층이 여기저기 포함되어 있고 초목은 드물다. 어디를 파야 할지 알아내기 위해 화석 사냥꾼들은 비바람에 부서지고 변해 땅에 흩어져 있는 작은 공룡 뼛조각을 먼저 찾는다. 이런 뼛조각들은 부근에 화석이 더 묻혀 있음을 나타낸다.

그들이 발견한 화석

3일 동안 발굴자들은 흥미로운 화석을 찾아냈다. 이렇게 찾은 공룡 화석에는 갈비뼈 조각, 팔뚝뼈로 추정되는 뼛조각, 경화된 힘줄, 꼬리 척추골 등이 있다. 그리고 악어의 머리뼈 조각, 거북의 다리뼈, 자라의 등껍질 조각, 무화과, 꼬투리, 상어 이빨, 동갈치 비늘, 부러진 나무둥치(철 성분이 풍부한 코팅이 얇게 입혀져 형태가 보존되어 있다), 그리고 쇠뜨기 줄기의 조각도 함께 출토되었다. 이 중 공룡만 멸종했다.

무화과

발굴자가 사용하는 도구들

발굴 도구는 아주 간단했다. 먼저 날이 넓은 곡괭이로 지층 윗부분에서 화석이 없는 퇴적물을 파냈다. 그리고 납작한 드라이버로 딱딱하게 굳어 있는 모래를 화석층에서 파냈다. 화석이 나오면 나무 손잡이가 달린 작은 붓으로 조심스럽게 주변 모래를 쓸어 냈다. 화석에 금이 가 있으면 발굴 감독이 강력한 순간접착제를 갈라진 곳에 발라 깨지지 않게 고정했다. 삽을 이용해 발굴 부지에서 모래를 치우고, 좀 더 자세히 검사하기 위해 모래 중 일부를 채로 쳤다. 더 고운 결정을 얻으면 수레나 양동이로 운반했다.

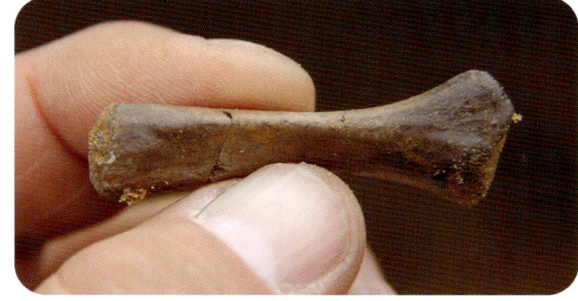

악어의 머리뼈 조각 (왼쪽)

쇠뜨기 줄기(아래 왼쪽), 거북의 뼈(위), 꼬투리(아래 오른쪽)

현장의 삶

화석 발굴 작업은 다른 야외 작업과 마찬가지로 어려운 점이 있다. 태양을 차단하지 않거나 제대로 옷을 갖춰 입지 않으면 화상을 입었다. 아침에는 벌레 방지를 위해 벌레 퇴치제가 필요했고, 오후에는 강풍이 불어 발굴자의 눈에 모래가 들어가고 햇빛 가림막이 무너지기도 했다. 이는 모두 화석 발견이라는 경험에서 치러야 할 작은 대가다. 그 유명한 화석 전쟁이 진행되는 동안, 발굴자들은 조건을 가리지 않고 사실상 거의 모든 상황에서 작업했다.

발굴 현장

화석의 상태

발굴된 화석들은 대개 작은 파편들이었다. 마치 오랜 옛날 물속과 늪지에서 살던 생명체들이 갑작스럽게 물길에 휩쓸리고 깨지며 모든 뼈가 분리되고 작은 조각으로 부서진 것 같았다. 전혀 일반적이지 않은 어떤 가공할 만한 강력한 사건이 이렇게 깨지고 부서진 혼합물을 넓은 지역에 걸쳐 펼쳐 놓았다. 아마 노아 홍수 때 홍수 물이 지표면에서 물러나면서 이런 여러 가지 물질이 뒤섞여 퍼져 나갔던 것 같다. 헬 크리크 층에서 나온 공룡 화석은 상태가 모두 나쁜 것은 아니지만, 대부분의 화석은 이렇게 조각이 나 있다.

석고 캐스트 만들기

커다란 화석 뼛조각이 부서지는 것을 방지하기 위해 석고로 캐스트를 만든다. 먼저 화석의 윗부분과 측면에 붙어 있는 이물질들을 털어 낸다. 그리고 화석에 은박지를 붙인다. 천으로 끈을 만든 다음 물과 석고를 섞은 반죽에 적셔서 은박지를 감싼다. 마지막으로 화석이 고정된 암석 밑부분의 퇴적물을 조심스럽게 제거하고 들어내서 뒤집는다. 남아 있는 흙을 쓸어 내면 화석의 바닥이었던 부분이 드러난다.

거북 등딱지

공룡 화석 조각

물고기와 함께 매몰된 공룡

시노사우롭테릭스(*Sinosauropteryx*)는 육상에 살던 작은 공룡이다. 사진의 이 공룡은 현대의 물고기처럼 생긴 생물(추측하건대 오직 물속에서만 살 수 있었을 것이다) 옆에 매몰된 채 발견되었다. 이 두 동물은 청소 동물이 사체를 파먹거나 박테리아가 사체를 분해하기 전에 재빨리 매몰되었다. 고생물학자들은 종종 현대의 물고기나 포유류 같은 생물과 공룡의 유해가 퇴적암층에 함께 매몰되어 있는 것을 발견한다. 이런 암석층은 노아 시대의 대홍수와 같은 재앙적 사건에 의해서만 형성될 수 있었을 것이다. 대홍수로 인해 서로 다른 환경에서 살던 동물들이 함께 매몰돼 보존되었고, 오늘날 우리가 그들을 연구할 수 있게 된 것이다.

아프리카와 아시아 초기 원정

북미에서 발굴 작업을 하던 공룡 사냥꾼들은 모리슨 층이나 헬 크리크 층 같은 암석층에서 수많은 공룡 화석을 발굴했다. 하지만 1900년대 초 아프리카와 아시아 원정에서도 거대한 육상 파충류의 뼈가 많이 발견되었다. 원정을 떠난 발굴자들은 새로운 유형의 공룡 화석은 물론 북미에서 발견된 공룡의 유해도 찾아냈다.

동아프리카 공룡 원정

1909년과 1912년 사이 독일인들은 공룡 발굴 역사상 가장 주목할 만한 원정을 떠났다. 1908년 고생물학자 에버하르트 프라스(Eberhard Fraas)는 베를린 박물관 관장 빌헬름 폰 브랑카(Wilhelm von Branca)에게 탄자니아의 텐다구루(Tendaguru) 마을 부근에서 발굴해 낸 화석 몇 가지를 보여 주었다. 브랑카는 화석을 더 발굴하기 위해 즉시 원정팀을 꾸렸다. 베르너 야넨쉬(Werner Janensch)와 에드바르트 헤니그(Edward Hennig)가 지휘하는 이 원정팀은 거의 250t에 달하는 뼈와 암석을 발굴해 냈다. 이후 이것을 독일로 보내기 위해 4일에 걸쳐 해안까지 직접 운반해야 했다.

베르너 야넨쉬

이들의 발굴품 중 가장 놀라운 것은 거의 완전한 형태의 브라키오사우루스 화석이었다. 이 표본은 제2차 세계 대전의 폭격에도 보존되어 지금도 베를린 박물관에 전시되어 있다. 이들의 발견은 몇몇 공룡이 생각보다 더 멀리 분포되어 살았다는 사실을 보여 주었다. 브라키오사우루스의 최초의 부분 골격은 1903년 미국 서부에서 발굴되었으며, 미국 고생물학자 엘머 릭스(Elmer Riggs)가 그 특징을 설명했다. 야넨쉬는 1914년 독일의 표본에 관해 발표했다. 이상하게도 그 당시에는 어떻게 같은 공룡이 다른 대륙에 공존했는지를 아무도 설명하지 않았다. 아마도 노아 시대 대홍수 이전에 존재했을 초대륙을 통해 양쪽 지역으로 접근하고 이동할 수 있었을 것이다. 그리고 공룡의 유해가 이후 홍수 물에 의해 현재는 분리된 대륙의 지층에 쌓이게 되었을 것이다.

브라키오사우루스

중앙아시아 원정

1922년과 1930년 사이 5개 원정단이 중앙아시아로 화석 발굴에 나섰다. 당시 미국 자연사 박물관 관장이었던 헨리 페어필드 오스본은 인간을 포함해 육지를 다스린 지배적 동물의 진화의 시발점이 아시아라고 믿었다. 과학자들이 이미 미국과 유럽에서 방대한 화석을 모아 두었지만, 아시아에서의 정보는 턱없이 부족했다. 당시 미국 박물관에 새롭게 채용된 생물학자 로이 채프먼 앤드루스(Roy Chapman Andrews)는 몽골의 고비 사막으로의 원정을 제안했고, 그때까지의 규모 중 가장 큰 미국 해외 원정단을 조직했다. 팀원들 각자를 보완하기 위해 앤드루스는 수많은 과학적 훈련을 시행했고, 이 점에서 그의 팀원들은 특별했다. 앤드루스는 원정팀을 위해 자동차와 트럭 등을 사용했고, 기름과 공급품 그리고 화석을 수송하는 데 낙타 대상을 이용했다. 그의 팀은 공룡 탐사의 "금광"을 찾아냈는데, 가장 주목할 만한 것은 최초의 공룡알 화석이다.

로이 채프먼 앤드루스

로이 채프먼 앤드루스(1884-1960)는 영화 「인디아나 존스」의 주인공의 실제 모델이다. 영화 속 존스 박사처럼 앤드루스도 챙이 넓은 모자를 쓰고, 라이플총 쏘기를 즐기며, 극적인 삶에 열정이 넘쳤다. 그는 1923년의 발견으로 『타임』지 표지를 장식하기도 했다.

몽골 우르가(Urga)에서 남쪽으로 480여 킬로미터 떨어진 곳에 있는 플레이밍 클리프스(Flaming Cliffs)에서 앤드루스의 팀은 공룡알 화석을 발견했다. 당시에는 그것이 새롭게 발견된 공룡 종인 프로토케라톱스(Protoceratops)의 알이라고 믿었다. 몇 년 후 비슷한 알의 배아 화석이 발견되었고, 현재 과학자들은 그것이 오비랍토르(Oviraptor)라고 불리는 수각류 공룡의 알로 결론을 내렸다.

화석화된 공룡알

오비랍토르

프로토케라톱스

연대측정하기

실험실에서 기계에 어떤 물체의 표본(예를 들어, 공룡 화석이나 암석 등)을 놓고 몇 가지 실험을 통해 그 물체의 연대를 알아낼 수 있다고 생각하는 사람들이 있다. 그러나 이런 과정을 통해서 어떤 물체의 연대를 알아내는 작업은 생각보다 훨씬 더 복잡하고 실험도 정확하지 않다. 연대측정 과정은 몇몇 가정들로부터 시작하기 때문이다. 예를 들어, 어떤 물체 내의 동위원소(화학 원소의 변형)는 그 물체 내에서 붕괴하거나 일정한 비율로 대기로 빠져나간다. 또한 어떤 물체의 연대를 측정할 때 가끔 상반된 결과가 나올 수 있다. 암석이나 공룡 뼈가 얼마나 오래되었는지 알아내려면, 토스터 오븐이나 사람의 수명을 알아낼 때 필요한 것, 즉 토스터가 제조된 때나 사람이 태어난 때를 증명하는 서류 혹은 입증된 기록과 같은 것이 있어야 한다.

방사성 동위원소 연대측정법과 브래키팅

과학자들은 용암과 화산회류 같은 화성암(마그마가 식어서 만들어진 암석-역주) 속의 우라늄, 토륨, 루비듐, 스트론튬, 아르곤, 포타슘의 방사성 동위원소를 측정한다. 방사성 동위원소 측정으로 암석의 연대를 알아내는 것을 방사성 동위원소 연대측정법이라고 부르는데, 이 방식에는 문제가 있다. 관찰되지 않은 요소를 이용해 먼저 가정을 해야 하기 때문이다. 실험실 테스트를 통해 어떤 방사성 동위원소의 붕괴율이 변동을 거듭한다는 것이 드러났다. 따라서 이를 이용해 암석의 연대를 알아내는 것은 신뢰할 수 없다. 다른 방사성 동위원소 시스템도 신뢰할 수 없는데, 그 이유는 붕괴 생성물의 초기 양이 알려지지 않기 때문이다. 화성암과는 달리 퇴적암은 보통 풍화에 의해 형성된 다양한 토양의 합성물이기 때문에, 분석을 한다 해도 연대가 균일할 수 없다. 그런데 화석은 퇴적암 속에서 발견되기 때문에, 특히 완전히 광물화가 된 경우라면 직접적으로 방사성 동위원소를 사용하여 연대를 측정할 수 없다.

그래서 세속 지리학자들은 일종의 묶기 작업인 브래키팅(bracketing)을 이용해 대부분의 화석 연대를 추정한다. 화석 브래키팅을 하려면 화산회층이나 용암류 같은 화성암층이 필요하다. 이 층의 위아래 퇴적층에 화석이 포함되어 있기 때문이다. 과학자들은 정확하다고 추정하는 방사성 기술로 이 화성암의 연대를 산정한다. 그런 다음 계산된 화성암층의 연대를 가지고 화석의 연대를 브래키팅한다. 일반적으로 화산회층이나 용암류 가까이에 화석이 있는 경우는 없다. 그래서 여기에 있는 암석과 화석, 주변에 화산회층 그리고/또는 용암류가 있는 다른 곳의 암석과 화석을 연관시킨다. 그러나 방사성 동위원소 연대측정법이나 브래키팅은 역시 믿을 만한 방법이 아니다.

> 물은 방사성 동위원소 붕괴 생성물을 포함해 수많은 자연 물질을 선택적으로 용해할 것이다. 지하수면 아래에 있는 모든 암석과 광물은 물과 지속해서 접촉하는데, 이런 암석에서 발견된 공룡 뼈들은 물과 접촉하지 않은 암석에서 발견된 같은 유형의 뼈와는 다른 방사성 동위원소 측정값으로 돌아갈 것이다.

화강암은 일종의 화성암으로, 주로 해양판보다는 대륙판에서 발견된다.

과학자들은 질량 분석계를 사용하여, 화성암 속의 동위원소와 같은 원자와 분자의 질량이나 상대적 농도를 측정한다.

방사성 탄소 연대측정법

방사성 탄소 연대측정법은 어떤 물체 속에 탄소-14(질소-14로 붕괴하는 탄소의 방사성 동위원소)가 얼마나 있는지 알아내는 방식이다. 반복된 실험에 따르면, 탄소-14의 반감기는 약 5,730년으로, 10만 년보다 오래된 물체에는 이 탄소-14가 없어야 한다. 하지만 공룡 뼈나 심지어 다이아몬드에도 측정할 만한 양의 탄소-14가 있는 것으로 나타났다. 공룡이나 다이아몬드의 연대가 10만 년 이상이 될 수 없으며, 지금도 그 안의 탄소-14 성분을 측정해 낼 수 있으므로 10만 년이 훨씬 안 된다는 뜻이다.

하드로사우루스의 뼈로 한 실험

이 하드로사우루스의 뼈는 사우스다코타주 헬 크리크 층 노두에서 발견된 것으로, 6800만 년 되었다고 추정한다. 이 뼈를 실험실로 보내 방사성 탄소 연대측정법으로 측정한 결과, 여전히 탄소-14가 남아 있었고, 20,850년의 탄소 연도가 나왔다. 관측 불가능한 추정치를 고려하지 않고 탄소 연도를 일반 달력 연도로 환산할 수는 없지만, 이 측정치는 공룡 뼈(그리고 그 뼈의 주인인 공룡)가 6800만 년 된 것은 아님을 나타낸다.

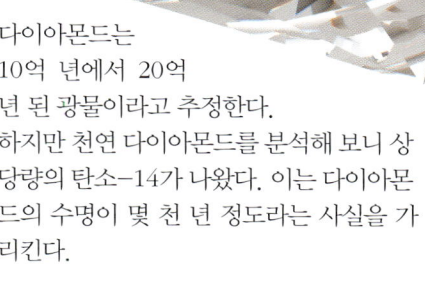

다이아몬드는 10억 년에서 20억 년 된 광물이라고 추정한다. 하지만 천연 다이아몬드를 분석해 보니 상당량의 탄소-14가 나왔다. 이는 다이아몬드의 수명이 몇 천 년 정도라는 사실을 가리킨다.

미국 석탄층에서 나온 석탄 표본들은 4천만 년에서 3억 2900만 년 되었을 거라고 추정하고 있으나, 여전히 측정 가능한 양의 탄소-14가 남아 있다. 이는 석탄 표본이 추정치만큼 그리 오래되지 않았다는 것을 보여 준다.

미라에도 측정 가능한 양의 탄소-14가 들어 있다. 하지만 어떤 물체 안에 함유된 탄소-14의 양을 아는 것만으로 정확하게 그 물체의 연대를 알 수는 없을 것이다. 몇몇 미라의 경우, 그 미라가 발견된 무덤에 상형 문자 형태의 역사적 기록이 남아 있어 대략적인 연대를 측정할 수 있다.

연부조직 화석 발견

진화론에서 공룡은 수억 수천만 년 전에 살았다가 멸종했다고 한다. 그런데 공룡 화석 중에는 몸의 조직 일부가 분해된 채 보존된 것들이 존재한다. 화석이 수천만 년 된 것이라면 이런 생물학적 조직은 오래전에 모두 분해되어 없어져야 하지 않았을까? 이 쟁점을 제대로 이해하려면 동일과정설이라는 이론에 대해 알아볼 필요가 있다.

성경의 계보로 보면 지구의 나이는 약 6,000년이 된다. 그런데 18세기 말에서 19세기로 접어들면서 지질학자들은 동일과정설 철학을 발전시키기 시작했다. 동일과정설에서는 지구의 자연 현상 과정이 아주 느린 속도로 진행되고 변화는 거의 없다고 본다. 1859년 찰스 다윈이 『종의 기원』을 발간했다. 다윈의 자연선택설에 따르면, 한 사람의 생애 동안 하나의 생물체가 다른 종으로 바뀔 수 없다. 따라서 다윈은 진화가 가능한 것으로 보이게 하기 위해 긴 시간이 필요했다.

동일과정설도 이와 유사하게, 화석과 암석 그리고 별 등 모든 것의 변화에 아주 긴 시간이 필요하다고 주장하며 성경의 근거를 약화한다. 하지만 과학은 인간이 관찰한 바에 근거해 실행되고, 수백만 년 혹은 수십억 년 된 인간의 기록은 존재하지 않기 때문에, 위의 논리는 과학적이지 않다. 역사의 기록 없이 방대한 시간을 추정하는 것은 입증할 수 없다. 또한 공룡 화석에 포함된 부드러운 물질과 같이 근래에 관찰과 실험이 이루어진 발견은, 공룡 및 공룡을 포함한 암석이 수천만 년 이상 된 것일 수 없다는 사실을 보여 준다.

콜라겐

공룡의 뼈는 인산칼슘의 일종인 바이오아파타이트(bioapatite)라는 딱딱한 무기질과 콜라겐이라 불리는 부드러운 단백질로 구성되어 있으며, 모두 뼈의 세포로 인해 생성된다. 화석화된 뼈의 연질 부분은 대부분 지하수에서 나오는 무기 미네랄로 바뀐다. 그러나 과학자들은 수천만 년 된 것으로 추정되는 공룡 뼈에서 혈관과 세포는 물론 콜라겐까지 찾아낼 수 있었다. 화학 연구에 따르면, 콜라겐은 일반적인 지구 표면 온도에서 90만 년 정도가 지나면 완전히 분해된다. 그리고 연구자들은 1억 8천만 년 된 것으로 추정되는 공룡 뼈에서 측정 가능한 양의 콜라겐을 발견했다. 적혈구와 혈관은 콜라겐보다 더 빨리 분해된다. 이 모든 사실은 화석의 주인인 공룡이 90만 년 이상 땅속에 파묻혀 있지 않았음을 보여 준다. 이는 또한 성경의 역사 기록과 일치한다.

2. 공룡 화석과 발견

해양 파충류의 연부조직 화석

수십 년 동안 세속 과학자들은 단백질 같은 원래의 생화학 물질이 공룡 화석뿐 아니라 다른 화석 생물에도 남아 있다고 말했다. 여기 사진의 모사사우루스 화석은 미국 캔자스주의 석회암층에서 발굴되었다. 1960년대에 발견되었지만 과학자들은 2010년에 가서야 이 해양 파충류에 대한 내용을 발표했다. 과학자들은 죽은 지 매우 오래된 사체가 모사사우루스의 비늘로 덮여 있는 것을 발견했고, 흉강(돌고래의 경우 심장과 간이 있는 장소) 안에서 두 군데의 붉은 부분을 발견했다. 과학자들이 실시한 실험에 따르면, 흉강의 붉은 부분에서만 분해된 혈액 단백질 헤모글로빈이 부분적으로 탐지되었다. 분해에 대한 과학적 실험은 이와 같은 생화학 물질이 수천만 년간 보존될 수는 없지만, 물기 없이 서늘하고 미생물이 없는 상태에서는 수천 년 정도 보존될 수 있음을 보여 준 것이다.

공룡의 연부조직 화석

부러진 티라노사우루스 렉스의 뼈에서 부드러운 물질(연부조직)이 발견되었는데, 추가로 연구한 결과 이 물질은 원래의 콜라겐과 적혈구를 함유하고 있는 혈관으로 밝혀졌다. 2000년대 중반에 이루어진 이 발견은 저항에 부딪혔다. 티라노사우루스의 뼈의 연대가 7천만 년으로 추정되는데, 발견된 물질들이 이 기간 동안 보존될 수 없기 때문이다. 추가 실험에서 연부조직의 발견은 사실임이 증명되었다. 다른 과학자들도 하드로사우루스, 티타노사우루스, 프시타코사우루스, 각룡류와 기타 공룡들에게서 연부조직을 발견했다고 발표했다. 보존된 공룡의 연부조직을 발견하는 일은 더 이상 특별하지 않다.

과학자들은 공룡의 DNA도 찾아냈다. 그리고 실험을 통해 DNA는 분해가 빨라서 수천만 년 동안 보존될 수 없음을 밝혔다. 냉장고 온도에 보관한 DNA도 (100만 년에서 한참 모자라는) 35만 년 후에는 완전히 분해되어 작은 입자 상태로 공기 중으로 사라질 것이다.

| 동물 | 진화론의 추정 연대 (백만 년) | 발견된 물질 | 발표 날짜 | 참고 문헌 |
	Animal	Evolutionary Supposed Age (millions of yrs)	Biochemical Found	Publish Date	Reference
티라노사우루스	*T. rex*	68	Collagen 콜라겐	Jun. 2007	Schweitzer, M. *Science*
프시타코사우루스	*Psittacosaurus*	125	Collagen 콜라겐	Apr. 2008	Linghan-Soliar, T. *Proc. RSB*
하드로사우루스	Hadrosaur	80	Elastin 엘라스틴	Jul. 2009	Schweitzer, M. *Science*
모사사우루스	Mosasaur	65-68	Hemoglobin 헤모글로빈	Aug. 2010	Lindgren, J. *PLoS ONE*
도마뱀	Lizard	40	Keratin 케라틴	Mar. 2011	Edwards, N. P. *Proc. RSB*
모사사우루스	Mosasaur	70	Collagen 콜라겐	Apr. 2011	San Antonio, J. D. *PloS ONE*
오징어	Squid	160	Eumelanin 유멜라닌	May 2012	Glass, K. *PNAS*
전갈	Scorpion	310	Chitin + protein 키틴+단백질	Feb. 2011	Cody, G.D. *Geology*

이 표는 화석이 된 다양한 그룹의 생물에서 각기 다른 생화학 물질이 발견된 것을 간단하게 목록화한 것이다.
과학자들은 유기 잔여물을 포함하고 있다고 추정하기에는 너무 오래된 화석에서 원래의 조직을 찾는 작업을 계속하고 있다.

공룡 시대의 초목

풀과 장미 혹은 사사프라스처럼 꽃을 피우는 초목들은 공룡이 멸종한 후 수천만 년에 걸쳐 진화했다고 추정된다. 그러나 고생물학자들은 꽃을 피우는 초목을 포함해 "현생" 나무와 식물들이 암석층 위아래 퇴적층에서 공룡의 뼈 및 다른 동물들과 함께 섞여 있는 것을 발견했다. 그리고 풀이 들어 있는 공룡의 분변 화석도 발견되었다. 이는 이런 풀이나 초목 그리고 나무들(이 중 많은 것이 오늘날에도 현존한다)이 공룡 시대에 함께 있었다는 의미다. 그렇다면 창세기의 기록처럼 모든 식물과 동물이 거의 같은 시기에 창조되었다는 것이 이치에 맞다.

떡갈나무

쌀

사사프라스

장미

야자나무

2. 공룡 화석과 발견

목련
소철
양치식물
세쿼이아 나무

공룡과 함께 매몰된 동물들

진화론에 따르면, 공룡이 살아 있을 때는 주변에 파충류가 아닌 육상 동물이 많지 않았고, 그 나마 있던 소수의 동물은 "원시적"이었다고 한다. 그러나 새와 곤충을 포함해 오늘날 존재하는 육상 동물과 비슷한 수많은 동물이 공룡이 매몰된 암석층에서 화석으로 발견되었으며, 심지어 공룡과 함께 매몰된 것들도 있다. 사실 거의 모든 주요 척추동물들이 공룡이 매몰된 암석에서 발견되었다. 진화론이 사실이라면, 공룡 화석은 기본적으로 공룡 화석끼리만 출토되어야 한다. 그러나 모든 동물과 식물이 창조 여섯째 날까지 만들어졌다는 성경 말씀이 맞는다면, 공룡 유해가 여기 사진에 나온 다른 수많은 종류의 동물들과 함께 매몰된 상태로 발견된 것은 당연하다.

거북

앵무새

잠자리

태즈메이니아산(産) 주머니곰

다람쥐

악어

2. 공룡 화석과 발견

앨버트로스

실러캔스

거미

오리

살아 있는 화석

가끔 수천만 년 전에 멸종했다고 여겨진 동식물이 발견되는 경우가 있다. 이러한 것을 살아 있는 화석이라고 칭한다. 살아 있는 화석 중 가장 유명한 사례는 실러캔스라는 물고기일 것이다. 진화론자들은 이 물고기를 물고기와 양서류 사이 진화의 "빠진 고리"로 간주했다. 실러캔스는 약 7천만 년 전에 멸종한 것으로 추정되었다. 이 물고기의 화석이 암석층 상부에서는 발견되지 않았기 때문이다. 그런데 1938년 아프리카 해안에서 살아 있는 실러캔스가 발견되었다. 진화론이 사실이라면, 실러캔스는 7천만 년 이상 어디에 있었던 것일까? 그리고 어째서 사실상 전혀 변화하지 않았던 것일까? 목련에서부터 동갈치, 단세포 해조류에서 바닷가재까지 다른 수많은 살아 있는 화석이 발견되었다. 이런 것들이 변하지 않은 이유는 이들이 진화한 것이 아니라 비교적 최근에 창조되었기 때문이라고 할 수 있다.

바퀴벌레

개구리

동갈치

공격과 방어 수단

영화에서 포식성 공룡들은 서로 협공해 사냥하는 것으로 그려진다. 하지만 영화는 어디까지나 추정일 뿐이다. 공룡의 사냥 방법에 대해서 일반적으로 의견이 일치하는 부분은, 작은 공룡들은 늑대처럼 무리를 지어 사냥하고, 티라노사우루스 크기의 공룡들은 홀로 또는 사자처럼 소그룹 단위로 사냥한다는 정도인 듯하다. 이런 추정은 대부분 오늘날의 포유류와 발견된 몇 가지 화석 증거에 근거한다. 하지만 화석만 가지고 공룡의 행동을 추론하는 데는 한계가 있다. 동물이 어떻게 행동하는지 확인하는 가장 좋은 방법은 관찰하는 것인데, 공룡이 멸종해 관찰이 불가능하다.

싸움

다른 동물들처럼 공룡도 아마 먹이나 영역을 지키고 새끼를 보호하기 위해 싸움을 했을 것이다. 용각류 공룡들은 긴 목과 꼬리를 이용해 방어했을 것이다. 거대한 크기 자체만으로도 좋은 방어 수단이 되었을 것이다. 안킬로사우루스(*Ankylosaurus*)는 꼬리에 곤봉 같은 것이 달려 있어, 이것을 이용해 싸웠을 것이다. 스테고사우루스는 뾰족한 침 같은 것이 덮인 어마어마한 꼬리를 이용했을 것이다. 각룡류 공룡들은 소나 큰뿔야생양과 비슷하게 머리에 뿔이 달려 있었으므로, 이 뿔을 공격하는 데 이용했을 것이다.

생활하거나 도망칠 때도 무리 지어 움직였을까?

고생물학자들은 무리 지어 함께 살았던 초식 공룡들의 화석과 발자국 흔적을 발견했다. 무리를 지어 살면 포식자 공룡의 공격에 효과적으로 대처할 수 있었을 것이다. 방어용 곤봉이나 침, 뿔 혹은 딱딱하거나 거친 피부가 아직 갖춰지지 않고 몸집도 크지 않은 어린 공룡의 경우, 특히 무리 지어 있는 것이 생존에 유리했을 것이다.

티라노사우루스와 스피노사우루스

육식 공룡의 무리도 발견되었다. 작은 크기의 코엘로피시스(*Coelophysis*)에서부터 덩치가 큰 알로사우루스 같은 수각류 공룡이 40마리 이상 무리 지어 모여 있던 흔적이 발견되었다. 그리고 미국 시카고의 필드 자연사 박물관에 소장된 유명한 티라노사우루스 "수"(Sue)도 다른 티라노사우루스 3마리의 화석 파편을 포함한 암석층에서 출토되었다. 또한 고생물학자들은 다수는 아니어도 무리를 지어 함께 이동한 수각류 공룡의 발자국 증거도 발견했다.

사우롤로푸스 무리

2. 공룡 화석과 발견

각기 다른 종류의 공룡들이 함께 무리 지어 있는 화석이나 발자국의 흔적을 발견했다는 것은 이 동물들이 함께 달아났을 가능성을 보여 준다. 대홍수 때 수면 높이가 상승하면서 공룡들은 아마도 물에서 빠져나가려 했을 것이다. 이들이 남긴 흔적이 진흙 속에 남았고 후에 딱딱하게 굳어 보존되었다. 그래서 우리는 당시 그곳에 물이 있었다는 것을 알게 되었다. 하드로사우루스의 뼈에 수각류 공룡의 이빨 자국이 있는 것이 발견되었다. 하지만 이 두 종류의 공룡이 남긴 (동시에 만들어진 것이 분명한) 흔적을 보면, 하나가 다른 하나를 쫓는 형태가 아님을 알 수 있다. 아마 이 두 공룡은 홍수 초기에 살아남은 후 너무 지친 상태였던 것 같다.

안킬로사우루스

스테고사우루스

벨로키랍토르 대 프로토케라톱스

지금까지 발굴된 것 중 가장 흥미진진한 모습의 화석이 몽골에서 나왔다. 벨로키랍토르(*Velociraptor*)와 프로토케라톱스가 사투를 벌이는 모습이 화석으로 출토된 것이다. 일반적으로 화석은 어떤 생명체가 죽은 후 시간이 흐르면서 천천히 흙에 덮이고 그 상태로 굳어져서 만들어진다고 알려져 있다. 그런데 이 화석은 두 마리 공룡이 살아서 싸우고 있을 때 갑작스럽게 많은 양의 흙과 물에 매몰되는 바람에 그 모습이 고스란히 보존된 것이다. 노아 시대의 대홍수로 인해 발생했을 수많은 진흙 때문에 이런 화석이 남아 있는 것으로 여겨진다.

아파토사우루스

공룡은 새로 진화했을까?

대부분의 박물관과 교과서에서는 다채로운 색깔의 깃털이 달린 공룡을 보여 준다. 이는 정체가 밝혀지지 않은 수각류 공룡이 최초의 새로 진화했고, 거기에서 다른 종류의 새가 진화했다는 믿음을 반영한다. 하지만 모든 진화과학자가 이 생각에 동의하지는 않는다. 공룡에게 털이 달렸었다고 믿지 않는 연구자들도 있고, 다른 모든 종류의 공룡은 멸종했는데 그중 특정 종류의 공룡은 새로 진화했다는 데 대해 동의하지 않는 연구자들도 있다.

성경은 하나님이 모든 생물로 하여금 같은 종류를 번식하도록 창조하셨다고 분명하게 말한다. 개는 오로지 개만 낳을 수 있고, 고양이는 고양이만 낳을 수 있으며, 오리도 역시 오리만 낳을 수 있다. 진화론에 입각한 전시물은 공룡과 새의 유사점을 강조하지만, 이 두 종류의 동물은 매우 다르다. 그리고 지금까지 그 어떤 생물학이나 자연의 과정도 공룡의 몸이 새의 몸으로 변하는 능력을 보인 적이 없다. 성경이 일관되게 말한 것같이 모든 종류의 공룡과 새는 각기 창조되었다.

시노사우롭테릭스

공룡-깃털?

몇몇 과학자들은 섬유가 함께 발견된 공룡 화석을 "원형-깃털", 즉 깃털 진화의 시작이라고 간주했다. 그러나 이 섬유의 구조는 깃털의 구조와 같지 않았다. 그래서 이 섬유는 나중에 필라멘트라고 불렸다. 필라멘트란 무엇인가? 과학자들은 물 속에서 동물의 피부가 부패하는 것에 관해 실험했다. 며칠 후 이 피부는 질긴 단백질 섬유로 변했고, 그 생김새가 화석이 된 공룡의 피부인 "필라멘트"와 사실상 똑같았다. 화석에서 나온 섬유는 깃털과 다를 뿐 아니라 부분적으로 부패한 피부처럼 생겼다.

> 가끔 새로운 화석을 "깃털 달린 공룡"으로 설명하지만, 결국에는 멸종한 새로 재분류된다. 시노사우롭테릭스와 같이 깃털 달린 공룡으로 추정되었던 공룡은 파충류지 새가 아니었다.

닭의 피부

하드로사우루스의 피부

모낭이 없다

공룡이 새로 진화했다면 어떤 시점에서 깃털이 자라나기 시작해야 했을 것이다. 깃털은 모낭이라는 커다란 구멍 내에 있는 매우 특화된 조직에 의해 만들어진다. 그런데 공룡의 피부 화석을 보면 모낭이 없고 매끄러우며 파충류의 비늘과 같다. 공룡의 "비늘"이란 사실상 튀어나온 피부가 딱딱해진 것이다. 공룡이 진화해 깃털이 났다면, 그 깃털은 어떻게 자라서 부착되었을까?

함께 매몰된 새와 공룡의 화석

새가 공룡으로부터 진화했다고 추정되고 있지만, 공룡과 함께 있는 새의 화석이 발견되었다. 날개에 발톱이 달린 멸종한 새뿐 아니라 오리, 아비새, 앨버트로스, 앵무새 및 기타 물새류도 공룡과 함께 화석으로 발견되었다. 진화론이 사실이라면, 암석층 저층부에서는 공룡이, 중간층에서는 일부는 공룡, 일부는 새인 동물이, 그리고 상층부에서는 새의 화석이 발견되어야 한다. 하지만 공룡과 새가 함께 매몰된 화석이 나왔다.

공룡 이전에 발견된 새 화석

몇몇 진화론 연구자들은 암석층 하부에서 새의 흔적을 발견했다고 보고했다. 즉, 시기적으로 공룡보다 먼저 매몰된 것이다. 그렇다면 새보다 먼저 존재하지도 않은 공룡에게서 새가 진화할 수는 없지 않은가?

새의 화석

"섬유질" 공룡 화석이 매몰되어 있는 수많은 암석층에는 완전한 형태의 새의 화석도 포함되어 있다. 이 새들은 공룡과 같은 시대에 살고 죽었기 때문에, 이들은 서로 조상과 후손의 관계가 될 수 없다.

모든 단서는 골반에 있다

수각류 공룡이 새로 진화하려면 골반을 포함해 골격의 거의 모든 뼈가 재구성되어야 한다. 공룡은 사람처럼 윗다리가 골반 관절에 맞춰 움직이는 방식으로 걸어 다녔지만, 새는 무릎뼈로 걸었다. 새의 다리 윗부분은 뻣뻣한 상태를 유지했는데, 이는 새의 특이한 호흡 체계와 공기역학 형태를 지원하기 위한 구조 때문이다. 진화의 과정 중 어떤 시점에서 진화 중인 공룡은 걸을 수 있는 능력을 상실했을 것이다!

특이한 폐 구조

다른 파충류처럼 대부분의 공룡은 공기가 주머니 모양의 폐에 들어갔다가 같은 방식으로 비워지는 형태로 호흡했을 것이다. 그러나 새는 공기가 한쪽으로 들어와서 자연스럽게 흘러 다른 쪽으로 나가는 효율적인 방식으로 호흡한다. 진화의 과정 중에 있던 중간 형태의 생물은 어떤 시점에서 파충류의 폐가 없고 새의 폐도 없는 형태로 있었을 것이다. 그렇다면 호흡할 수 없었을 것이므로 비명과 함께 진화는 종료되었을 것이다.

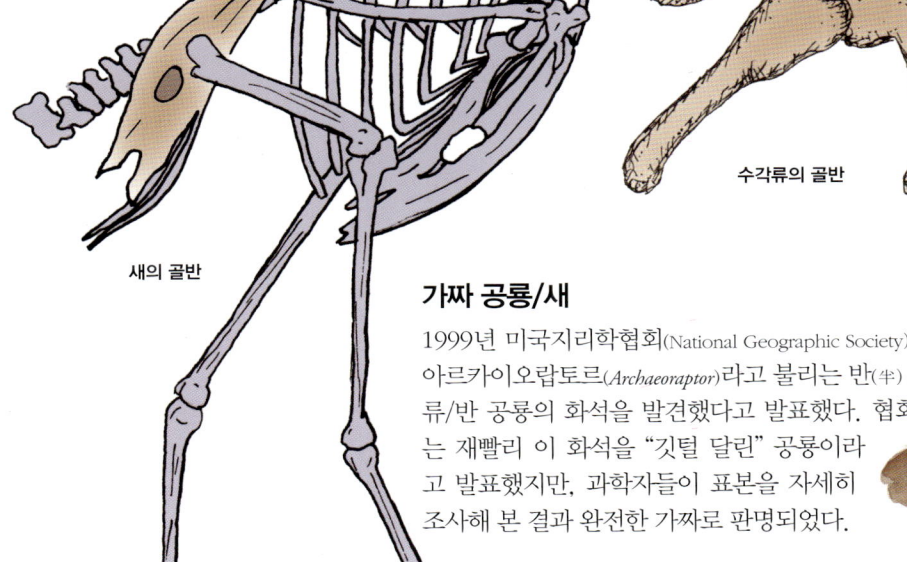

새의 골반

수각류의 골반

가짜 공룡/새

1999년 미국지리학협회(National Geographic Society)는 아르카이오랍토르(*Archaeoraptor*)라고 불리는 반(半) 조류/반 공룡의 화석을 발견했다고 발표했다. 협회는 재빨리 이 화석을 "깃털 달린" 공룡이라고 발표했지만, 과학자들이 표본을 자세히 조사해 본 결과 완전한 가짜로 판명되었다.

아르카이오랍토르

박물관 가기

공룡과 화석에 대해 배울 때 가까이에서 관찰하는 것보다 좋은 방법은 없다. 그러려면 박물관에 자주 가야 하는데, 그곳은 엄격하게 진화론적 관점에서 공룡에 대해 설명한다. 예를 들어, 공룡이 새로 진화했다고 전시하면서, 고생물학자들이 발견한 새와 공룡이 함께 파묻힌 화석은 언급하거나 보여 주지 않을 것이다. 이 화석은 공룡이 새로 진화했다는 이야기를 직접적으로 반박하기 때문이다.

비록 박물관에서는 진화론적인 관점에서 설명하지만, 준비만 잘된 상태라면 박물관에 가는 것은 이점이 많다. 직접적인 지식으로 무장한 방문자라면, 진짜 공룡 이야기가 무엇인지 제대로 식별할 수 있다.

또한 박물관에서 진화론의 허위를 다루면, 어린 학생들이 학교나 미디어에서 진화론을 접하게 되면서 알아야 할 사항을 준비하는 데도 도움이 될 수 있다. 그들은 과학적 증거를 깨닫고, 제대로 이해하며 성경을 지지하게 될 것이다. 공룡 박물관을 방문해서 얻을 수 있는 최상의 것과 관련된 제안을 몇 가지 하겠다.

시카고에 있는 필드 자연사 박물관

"자연사"의 의미

수많은 공룡 박물관에는 "자연사"(natural history)라는 단어가 들어가 있다. 자연사란 무슨 뜻일까? 일반적으로 과거에 대해 믿을 수 있는 적절한 정보는 어디에서 얻을 수 있는가? 가장 신뢰할 만한 역사의 근원은 어떤 특정 사건을 겪은 사람이 기록한 문헌이다. 그런데 과학적 증거는 그 자체가 어떤 것을 말해 주지 않는다. 대신, 우리 인간이 이미 염두에 두고 있는 이야기를 그 증거에 끼워 맞춘다. 공룡 박물관에서 접하게 되는 증거는 진화론의 이야기에 맞춰져 전시되었다는 점을 알아야 한다. 진화론자들이 말하는 바와는 달리 자연의 과정은 역사를 밝히지 않는다. 그러나 성경 속의 목격자들은 직접 보고 글을 남겼다.

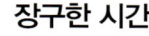

장구한 시간

박물관에서는 일반적으로 지구의 역사를 수십억 년이라고 설명한다. 성경이 말하는 바를 믿는 사람들은 지구의 나이가 그렇게 많다는 이론을 반박할 증거를 준비해야 한다. 예를 들어, 세속 과학자들은 방사성 동위원소 연대측정법으로 암석과 화석이 아주 오래되었음을 증명할 수 있다고 주장한다. 이것이 사실이라면 알려진 시대의 암석에 대해서는 정확한 연대를 내놓을 수 있어야 하는데, 그렇지 못하고 있다. 1996년 미국창조과학연구소(ICR)의 지리학자들이 10년 된 암석을 방사성 동위원소 기법으로 연대측정을 했더니, 6만 년에서 거의 300만 년 된 암석으로 분석되었다고 보고했다. 바닷속 소금의 양과 지구 자기장의 강도처럼, 지구가 생성된 지 비교적 얼마 되지 않았음을 가리키는 "지구 시계"가 많이 있다. 암석과 화석이 수억 수천만 년 되었다고 주장하는 것은 제대로 된 과학이 아닌 믿음에 근거한 전통일 뿐이다. 박물관이 마땅한 증거를 제시하지도 않으면서 "수억 수천만 년" 된 것이라고 전시하는 경우가 얼마나 많은지 한번 살펴보라.

중간 형태?

공룡 박물관에서 설명하는 내용은, 수억 수천만 년 동안 유전자 변형이 이루어져 아주 오래전 미지의 파충류가 모든 공룡 종류로 변했고, 나중에 다시 새로 변화했다는 진화론의 주장을 반영한다. 이 이야기가 사실이라면, 화석 증거가 무엇을 보여 주는지 살펴봐야 하지 않을까? 반은 새의 부리를 가진 모습 혹은 다리가 있는데 비늘도 있는 모습 대신, 동물들은 처음 화석에 나왔던 대로 완전하고 전문적으로 설계된 형태를 갖고 있지 않은가? 진화론자들이 예측하는 대로 부분적으로만 형성된 골격 구조의 화석이 있는지 박물관에 가서 한번 찾아보라. 결과가 어떻게 나왔는가? 진화론의 이야기와 맞지 않게, 적절한 비율로 제대로 갖춰진 형태는 얼마나 되는가? 이 두 결과를 비교해 보라.

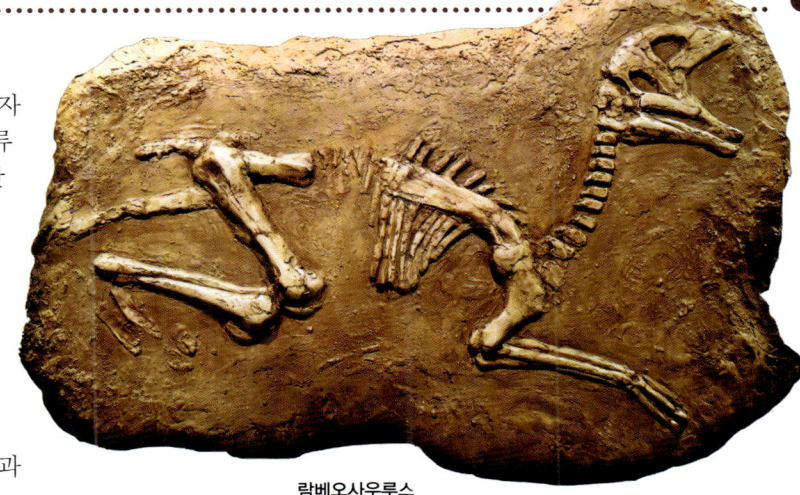

람베오사우루스

공룡의 설계

공룡 화석은 중간 형태의 특징이나 진화의 다른 징후를 나타내기보다는, 공룡이 어떻게 만들어졌는지에 대한 놀라운 설계를 보여 준다. 예를 들어, 용각류 공룡의 목뼈는 머리를 들어 아주 높은 나무 꼭대기의 풀을 뜯어 먹을 수 있을 만큼 가볍다. 골반은 아치 형태로 만들어져 거대한 몸통을 지지할 수 있다. 박물관을 둘러볼 때 공룡이 어떻게 설계되었는지 다른 특징도 한번 찾아보라.

> 공룡 박물관을 방문하는 일은 비판적 사고를 연습하는 좋은 기회가 된다. 진화론의 관점으로 설명한 내용 중 하나를 골라 "그걸 어떻게 알죠?"라고 물어보라. 많은 박물관에는 자원봉사자나 안내원들이 있어서, 질문하면 답을 해준다. 이것을 선교의 기회로 이용할 수도 있을 것이다.

살아 있는 화석

살아 있는 화석은 대부분 공룡 화석 박물관 곳곳에 흩어져 전시되어 있다. 실러캔스와 같이 살아 있는 화석은 수천만 년 전에 멸종했다고 여겨지는 동식물이 사실상 모습이 하나도 변하지 않은 상태로 살아서 오늘날 발견되는 경우를 말한다. 박물관을 돌아보며 살아 있는 화석이 얼마나 많은지 찾아보라. 오늘날의 생물과 비슷한 화석 생물을 찾을 때마다 진화론에 반대되는 증거를 목격하는 셈이다. 수억 수천만 년에 걸쳐 변형되고 자연선택이 이루어졌다고 하는데, 왜 진화가 이루어지지 않은 것일까? 애초에 진화가 일어나지 않았기 때문은 아닐까?

악어

3
공룡의 종류

다양한 종류의 공룡

현대의 분류 체계에 따르면, 공룡은 1천 종 이상이 있으며, 매년 20개에서 30개의 새로운 종이 이름을 얻는다. 그런데 브론토사우루스와 아파토사우루스의 사례처럼 같은 공룡 종이 한 개 이상의 이름을 얻는 경우가 자주 발생했다. 이런 혼란스러운 흐름은 19세기 후반 고생물학자인 오스니얼 찰스 마시와 에드워드 드링커 코프가 공룡의 이름을 경쟁적으로 붙이기 시작하면서 촉발했다. 마시와 코프는 몇 개 되지 않은 뼈 자료에 근거해 수많은 종의 이름을 붙였고, 비교를 위한 그림은 거의 발표하지도 않았다.

마시와 코프의 뼈 전쟁

1870년부터 1899년 사이 마시는 80여 종의 공룡의 이름을 붙였는데, 그중 29%만 새롭거나 기존의 종과 뚜렷이 다른 것으로 판명되었다. 나머지 71%는 마시 혹은 다른 사람이 이미 이름을 지은 공룡과 동일하거나 반복된 사례였다. 마시는 결국 23개만이 별개의 종으로 인정받았다. 코프도 성공률은 14%에 지나지 않았고, 가까스로 9개의 새로운 종의 이름을 붙여 후일의 심사에서 인정을 받았다.

오스니얼 찰스 마시

에드워드 드링커 코프

영국의 고생물학자 마이클 벤튼(Michael Benton)은 새로운 공룡 종의 이름을 붙이는 작업의 성공률이 50% 정도라고 추산한다. 미국의 고생물학자 존 호너(John R. Horner)는 알려진 공룡 종의 40%가 같은 종의 반복이며, 성장과 발전에서 다른 단계에 있는 것일 뿐이라고 말했다. 대부분의 공룡 유해 발굴 작업이 불완전해서 이런 일이 일어나는 것이다.

똑같은 공룡일까?

고생물학자 존 오스트롬(John Ostrom)과 피터 웰른호퍼(Peter Wellnhofer)는 트리케라톱스 속(각룡 아목) 중 이름을 붙인 16개 종을 단일 종으로 줄일 수 있다고 말했다. 이들은 16개 종을 관찰해서 알게 된 변화가 현대의 소 과(科) 내에서 관측되는 변화와 다를 바가 없다고 믿었다. 트리케라톱스와 토로사우루스(Torosaurus)가 같은 속(屬)일 수 있다는 매우 설득력 있는 증거가 있다. 50개 이상의 표본을 연구한 몇몇 과학자들은, 트리케라톱스는 어린 토로사우루스가 발달한 버전일 뿐이며, 트리케라톱스 속은 아예 없을 가능성이 있다고 결론을 내렸다.

트리케라톱스

3. 공룡의 종류

공룡의 분류

현대의 어떤 종이 같은 종류에 속하는지 연구하는 것은 매우 흥미롭다. 창조 생물학자들은 어떤 한 종류가 현대의 분류법상 어디에 해당하는지를 더욱 잘 이해하기 위해 그 종류 내에서의 변화의 한계를 활발하게 연구하고 있다. 다음의 도표는 용인된 공룡 집단과 하목(下目, infraorder), 그리고 과를 보여 준다. 공룡의 경우 5개의 인정받은 아목과 13개의 하목, 그리고 60개의 과가 있는데, 여기서 '과'는 '종류'와 비슷하다고 볼 수 있다.

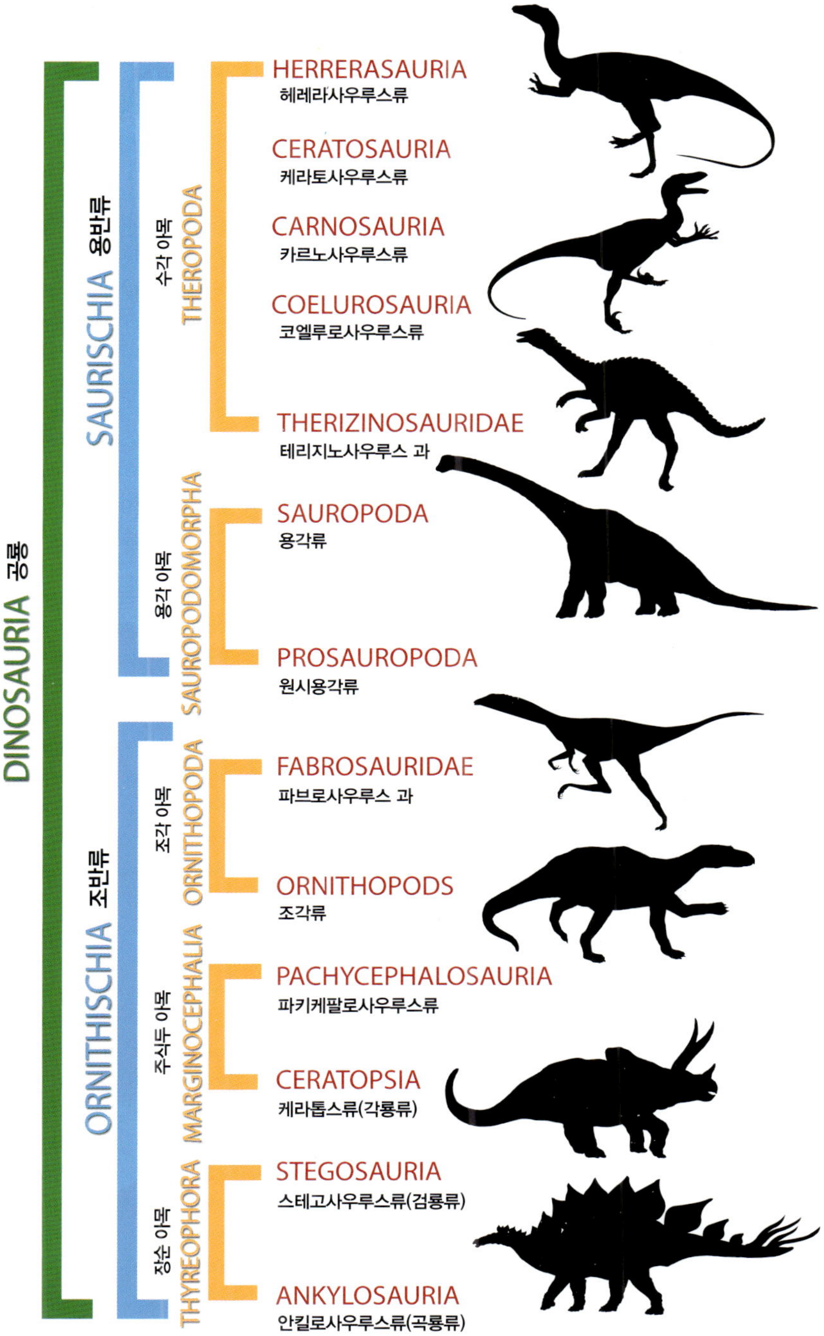

종류 대 종

공룡 종류(kind)의 수는 이름이 붙은 공룡 종(species)의 수보다 훨씬 적다. 성경은 창조 주간에 하나님이 번식 측면에서 서로 다른 별개의 생물 종류를 만드셨다고 가르친다. 놀랍게도 하나님은 각 종류의 동물들이 수많은 혈통이나 종으로 다양화되면서도, 기본적으로 같은 종류로 남을 수 있게 하는 능력을 주셨다. 예를 들어, 개는 리트리버, 비글, 닥스훈트 등으로 다변화했지만, 여전히 모두 개다. 하나의 종류가 종이라거나 현대의 분류법에서 어떤 특정 단계와 같다고 추정할 만한 성경적 근거는 없다.

종을 정의하는 일은 정량화하기 어려운 작업이다. 멸종한 종의 경우, 우리가 직접 행동을 관찰할 수 없기 때문에 더 어렵다. 생물학자인 에른스트 마이어(Ernst Mayr)는 종이라는 용어에 대해 다음과 같이 정의했다. "종은 사실상 혹은 잠재적으로 상호 교배가 가능한 자연 집단으로, 이들은 번식 면에서 다른 무리와 분리되어 있다." 안타깝게도 고생물학자들은 공룡의 번식 습성을 관찰할 수 없다. 아주 작은 변형도 보통 새로운 종으로 불리고 있다.

수각 아목 : 육식 공룡들

수각류라는 명칭은 "짐승의 발"을 의미한다. 수각류 공룡들은 다른 공룡에 비해 눈과 뇌가 더 크다. 수각류는 두 발로 걷고, 머리 무게가 덜 나가도록 두개골에 여분의 구멍이 있으며, 두개골도 관절 마디형이어서 물고 씹는 데 유연성을 부릴 수 있다. 수많은 수각류 공룡의 뼈는 속이 비어 있고, 머리는 움직이기 쉬운 관절을 통해 목에 연결되어 있다. 수각류 공룡들은 도마뱀 같은 형태의 골반을 가지며, 지금까지 발견된 공룡 중 희귀한 사례에 속한다(발견된 전체 공룡 뼈에서 5%도 되지 않는다). 대부분의 수각류 공룡은 1) 케라토사우루스류 2) 테타누라류의 2개 그룹으로 분류된다.

티라노사우루스

케라토사우루스류의 다리는 여러 개의 뼈가 혼합된 형이라 더 빨리 달릴 수 있었다. 일반적으로 머리 위에 뿔이나 볏이 달려 있어 "뿔 달린 도마뱀"이라는 뜻의 케라토사우루스라는 이름이 붙여졌다. 이 그룹에 속하는 공룡은 코엘로피시스와 딜로포사우루스(Dilophosaurus)다. 헤레라사우루스도 여기에 포함할 수 있을 것이다.

테타누라류("뻣뻣한 꼬리 도마뱀"이라는 뜻)는 1) 카르노사우루스 하목 2) 코엘루로사우루스 하목으로 분류된다. 테타누라류는 두개골에 여분의 구멍이 있어 머리 무게를 줄일 수 있었고, 뒷다리 구조가 다른 공룡과 달라 더 빨리 움직일 수 있었다. 카르노사우루스 하목("육식 도마뱀"이라는 뜻) 중 하나가 알로사우루스 과인데, 알로사우루스, 메갈로사우루스, 스피노사우루스(Spinosaurus)가 여기에 포함된다.

코엘루로사우루스 하목("빈 꼬리 도마뱀"이라는 뜻)은 티라노사우루스, 오르니토미모사우루스, 드로마에오사우루스의 최소 3개 과로 나눌 수 있다. 드로마에오사우루스 과에는 벨로키랍토르나 데이노니쿠스(Deinonychus) 같은 랩터(raptor)가 포함된다. 테리지노사우루스 과를 이 그룹에 묶는 사람도 있다. 하지만 대부분의 화석은 완성되지 못한 상태이기 때문에 분류하기 힘들다.

케라토사우루스의 일종인 딜로포사우루스는 1993년 영화 「쥬라기 공원」에 나왔다. 영화 속에서 이 공룡은 침 뱉듯 독을 뱉고, 답답하거나 불안하면 목 주변에 난 덮개를 쫙 펼친다. 하지만 그런 특징이 사실인지 실제 화석 증거를 통해서는 아무것도 알 수 없다. 다만 이 공룡의 머리에 2개의 가느다란 볏이 붙어 있다는 것은 관찰할 수 있다.

딜로포사우루스

스트루티오미무스

오르니토미모사우루스 과의 공룡은 "새 흉내 내는 도마뱀"이라는 뜻이다. 이 공룡들은 타조처럼 생겼고, 길고 앙상한 꼬리뼈가 달렸다. 긴 정강이뼈 덕분에 분명 빨리 달릴 수 있었을 것이다. 두개골은 비교적 조그맣고, 이빨이 없었다. 이 공룡들의 표본에서 위석이 발견된 것을 보면, 아마 초식 공룡이었을 가능성이 크다.

3. 공룡의 종류

기가노토사우루스

기가노토사우루스(*Giganotosaurus*)는 1990년대 중반 아르헨티나에서 화석이 발견되었는데, 현재까지 발견된 화석 중 가장 큰 육식 공룡이다. 주둥이에서 꼬리 끝까지의 길이는 약 13m이고, 이빨은 티라노사우루스의 것보다 작고 가늘었다.

고생물학자들은 아프리카에서 약 15m 길이의 스피노사우루스(*Spinosaurus*) 표본을 발견했다. 스피노사우루스의 등에는 높이가 2m에 달하는 커다란 돛 같은 뼈가 달려 있었는데, 정확한 용도는 밝혀지지 않았다. 가장 최신 연구에 따르면, 스피노사우루스는 상당 시간을 물에서 살며 물고기나 다른 수중 생물을 잡아먹었을 것으로 여겨진다.

스피노사우루스

과학자들이 미국 서부 전역에 걸쳐 알로사우루스 표본을 많이 발굴하면서 이 공룡은 표본이 가장 많은 공룡 중 하나가 되었다. 그중에는 "빅 알"(Big Al)이라는 이름의 완성형에 가장 가까운 표본도 있다. 빅 알은 와이오밍주 북서쪽 빅혼 분지(Bighorn Basin)에서 발견되었으며, 와이오밍대학교 지질 박물관에 소장되어 있다. 이런 공룡 화석들은 일반적으로 거대한 용각류(긴 목) 공룡과 함께 발견된다.

알로사우루스

티라노사우루스 렉스 : 폭군 도마뱀

티라노사우루스 렉스는 아마 공룡 중 가장 유명한 포식자일 것이다. 티라노사우루스는 그리스어에서 "폭군 도마뱀", 렉스는 라틴어에서 "왕"이라는 뜻이다. 5.5t이 나가는 성체 티라노사우루스는 만약 온혈 동물이었다면 굶주림을 채우기 위해 매주 성체 하드로사우루스에 상당하는 양의 고기를 먹어야 했을 것이다. 하지만 냉혈 동물이었다면 활동 수준에 따라 먹어야 하는 양이 5분의 1에서 10분의 1까지로 줄어들었을 것이다. 다른 공룡 화석에 생긴 이빨 자국을 연구한 결과 티라노사우루스의 이빨 패턴과 일치했다. 티라노사우루스의 발가락뼈 화석에 다른 티라노사우루스의 이빨 자국이 있는 것을 보면, 이 공룡은 같은 종도 잡아먹었던 것 같다. 과학자들은 티라노사우루스가 때때로 죽은 동물의 사체를 먹었다고 생각하고 있으므로, 이는 그다지 놀라운 일이 아니다.

커다란 뇌

영화나 만화책 혹은 다른 대중 매체에서 공룡의 뇌(특히 티라노사우루스의 뇌)는 종종 아주 작게 묘사되곤 한다. 이는 공룡이 새로 진화했다고 보는 진화론과 들어맞는다. 새의 뇌를 가진 공룡이라는 아이디어는 재미있을지 모르나 그에 대한 과학적 증거는 없다. 새의 뇌는 크기가 더 작을 뿐 아니라 모양도 아주 다르다. 티라노사우루스의 두개골을 자세히 살펴보니, 이들의 뇌는 모양이나 크기 면에서 파충류의 뇌와 더 비슷했다. 사용 가능한 모든 데이터도 티라노사우루스의 지능, 사고 처리, 그리고 감각이 악어와 비슷하다고 말한다. 티라노사우루스의 두개골에 있는 빈 구멍도 커다란 후엽이 자리하기에 적합하다. 후엽의 기능으로 티라노사우루스는 뛰어난 후각 능력을 발휘했을 것이다.

티라노사우루스 렉스

3. 공룡의 종류

엄청난 물어뜯기 파워

물어뜯기 역학에 대한 연구를 살펴보면, 티라노사우루스가 진정한 "공룡의 왕"이었음을 확인할 수 있다. 영국의 과학자들이 티라노사우루스의 물어뜯는 힘을 실험해 보기 위해 역학 근골격 모델을 이용했다. 그들은 티라노사우루스의 무는 힘이 같은 크기의 악어가 무는 힘의 거의 2배(35,000-57,000뉴턴)에 달한다는 것을 알아냈다. 이는 중간 크기 코끼리가 사람 위에 주저앉을 때 가해지는 힘과 같다.

급격한 성장

티라노사우루스는 대부분의 공룡과 비교했을 때 성장이 느린 편이었다. 대부분의 공룡이 출생 후 초기에 빨리 성장한 것에 반해, 티라노사우루스는 청년기 시절에 급속하게 성장했다. 몇몇 과학자들은 어린 티라노사우루스는 뛸 수 있었지만, 몸집이 더 커진 후에는 늘어난 무게 때문에 천천히 움직였을 거라고 믿는다.

"수"

가장 유명한 티라노사우루스 렉스의 화석은 발견자인 고생물학자 수 헨드릭슨(Sue Hendrickson)의 이름을 따서 "수"(Sue)라고 명명되었다. 헨드릭슨은 1990년 사우스다코타주에서 수를 발견했다. 발견 당시 수는 길이가 12m가 넘고, 두 발로 섰을 때 키가 대략 4.2m에 달했다. 무엇보다 놀라운 것은 90% 이상의 골격이 진짜라는 점이다. 발굴되는 대부분의 화석은 파편 조각이고, 이렇게 거의 완벽한 골격을 찾는 일은 드물기 때문에 수는 매우 중요한 표본이 된다. 연구자들은 수와 함께 다른 티라노사우루스의 부분 뼈도 발굴했다.

수가 발굴된 곳은 미국 원주민 보호 지역이었기 때문에, 연방 정부가 수의 뼈 화석 전부를 몰수했고, 이 사건은 신문에 보도되었다. 수의 골격은 소유권을 두고 3년간의 법정 공방이 오가는 동안 보관되어 있다가 최종적으로 소더비 경매에 부쳐졌다. 시카고의 필드 자연사 박물관이 디즈니와 맥도날드의 도움을 받아 840만 달러로 경매에 성공했다. 이 돈의 대부분은 땅의 소유주에게 돌아갔고, 나머지 일부는 경매사가 가져갔다. 뼈를 발굴한 수 헨드릭슨은 법률 비용 청구서만 받았을 뿐이다.

티라노사우루스 "수"

채식하는 수각류?

수각류 공룡은 다른 육식 동물과 비슷하게 날카로운 톱니 모양의 이빨을 가졌기 때문에 일반적으로 육식을 했을 거라고 여겨진다. 하지만 초식 공룡과 흡사한 잎 모양의 이빨을 가진 수각류가 있는가 하면, 아예 이빨이 없는 수각류도 있다. 따라서 수각류 중 일부는 육식과 초식을 모두 했거나, 초식만 했을 수 있다. 고생물학자들은 심지어 위장에 위석을 갖고 있는 공룡의 화석을 발견하기도 했다. 위석이 식물을 잘게 부수어 소화하는 데 도움이 되었을 것이다.

알 도둑?

고생물학자들은 오비랍토르를 "알 도둑" 공룡이라고 생각했다. 1920년대 몽골 부근에서 오비랍토르의 골격 화석이 발견되었을 때, 프로토케라톱스의 것으로 추정된 알이 근처에서 함께 발굴되었기 때문이다. 오비랍토르의 정식 명칭인 오비랍토르 필로케라톱스(*Oviraptor philoceratops*)는 "케라톱스류의 알을 좋아하는 알 도둑"으로 번역된다. 하지만 1990년대에 들어 연구자들은 오비랍토르가 알을 먹는 공룡이 아니라는 점을 알게 되었다. 1920년대에 발견된 알 중 하나에서 오비랍토르의 배아가 발견되면서 오비랍토르는 근처에 있는 알들의 어미였음이 증명되었다.

연구자들은 다른 알 둥지 위에 매몰된 상태로 화석이 된 또 다른 오비랍토르 성체도 발견했다. 진화과학자들은 이 "어미" 공룡이 알들을 품고 있었다고 생각한다. 아마도 이 공룡은 둥지에서 알을 낳고 있는 중이었는데, 노아 시대 대홍수로 인해 물과 진흙이 덮쳐 오자 거기에 매몰되었을 가능성이 있다. 현재 오비랍토르는 풀을 먹었다고 여겨진다. 또는 이빨이 없는 입과 "부리"로 조개를 먹었을 것이라는 주장도 있다. 오비랍토르의 위장에서 작은 도마뱀 화석도 발견되었는데, 대부분의 고생물학자는 이 공룡류는 초식을 했고 작은 동물을 잡아먹으면서 식사를 보충했을 것으로 추정한다.

오비랍토르

공룡알 둥지 모델

발견

미국의 고생물학자 로이 채프먼 앤드루스가 1920년대 초 몽골로 중앙아시아 원정을 하던 중 오비랍토르의 화석을 발견했고, 미국 자연사 박물관의 헨리 페어필드 오스본이 1924년에 이름을 붙였다. 성체 오비랍토르는 키가 1.8m에서 2.4m 정도이고, 무게는 25kg에서 34kg 정도 나갔다. 뒷다리가 길고 정강이뼈도 길었기 때문에 아주 잘 달렸을 것으로 추정된다. 몇몇 연구자는 오비랍토르의 최고 속도를 시속 64km로 추산하기도 한다.

3. 공룡의 종류

테리지노사우루스

대부분의 고생물학자는 이제 테리지노사우루스(*Therizinosaurus*)를 수각 아목으로 분류하지만, 과거에는 다른 그룹으로 분류했다. 테리지노사우루스는 "낫 파충류"라는 뜻으로, 러시아의 고생물학자 예브게니 말레예프(Evgeny A. Maleev)가 1948년 몽골에서 이 화석을 발견하고 1954년에 이름을 붙였다. 앞다리에 90㎝가량의 발톱이 달려 있는데, 이에 대해 몇몇 과학자들은 이 공룡이 이 발톱을 이용해 흰개미나 일반 개미의 개미집을 뜯어 열었을 거라고 추정한다. 하지만 대부분의 고생물학자는 테리지노사우루스의 이빨에 근거해 이 공룡이 초식성이었을 거라고 말한다. 테리지노사우루스의 전장은 약 7m, 키는 3m이며, 추정 무게는 3t 정도다.

테리지노사우루스

스트루티오미무스

1892년에 공룡 사냥꾼 오스니얼 찰스 마시가 이 공룡 화석을 발견하고 오르니토미무스(*Ornithomimus*)라고 불렀다. 하지만 1917년 캐나다 앨버타주에서 새로운 표본을 획득한 헨리 페어필드 오스본이 "타조 흉내를 내는"이라는 뜻의 스트루티오미무스(*Struthiomimus*)라는 이름으로 바꿨다. 이 공룡은 전장 4m에, 무게는 약 140kg이 나갔다고 추정된다. 목이 길었고, 작은 머리뼈에 큰 눈이 달렸으며, 이빨이 없는 부리는 케라틴(손톱과 도마뱀의 비늘에 있는 단백질)으로 덮여 있었던 것으로 여겨진다. 길고 가느다란 앞다리에는 커다란 발톱이 달려 있었다.

스트루티오미무스

갈리미무스

갈리미무스(*Gallimimus*)는 또 다른 오르니토미모사우루스류(타조 공룡) 공룡으로, 몽골에서 발견되었다. 스트루티오미무스와 비슷하다(같은 종류의 공룡일 가능성이 크다). 갈리미무스는 긴 중족골이 발에 연결되어 있고, 정강이뼈도 길었기 때문에 시속 80km까지 속도를 낼 수 있었을 것으로 추정된다.

갈리미무스

벨로키랍토르 : 작은 위협

영화 「쥬라기 공원」에서 벨로키랍토르는 작은 방까지 사람들을 추적하고, 심지어 문도 직접 여는, 아주 빠르고 무서운 공룡으로 이름을 떨쳤다. 하지만 이는 할리우드가 특히 벨로키랍토르에 관해 창작의 자유를 마음껏 발휘한 것뿐이다. 영화에 나온 공룡은 사실 북미에서 화석이 발견된 데이노니쿠스다. 벨로키랍토르는 몽골에서 발견되었는데, 데이노니쿠스보다 훨씬 더 작고, 덜 똑똑하며, 결코 포악하거나 잔인하지 않다.

벨로키랍토르는 전장이 약 1.8m 정도로, 체구는 커다란 칠면조와 비슷하고, 몸무게는 16kg 정도다. 하지만 데이노니쿠스는 전장 3m에, 몸무게는 약 70kg이 나간다. 생체 역학적 계산에 따르면, 벨로키랍토르의 뛰는 속도는 최고 시속이 약 39km로 인간보다 빠르다.

벨로키랍토르와 데이노니쿠스 모두 드로마에오사우루스로 알려진 수각류 그룹에 속한다. 이들은 뇌와 몸체 비율이 공룡 중 가장 큰데도, 동일 크기의 포유류(예를 들어 개)와 비교했을 때 뇌가 훨씬 작다. 즉, 벨로키랍토르는 스스로 문을 열지 못하며, 새로운 행동을 쉽게 배우지 못했을 거라는 의미다. 이들의 뇌는 다른 수각류 공룡과 같이 모양 측면에서 현생 악어와 비슷하며, 뇌 대부분이 감각을 인지하는 데 사용되고 정보를 처리하는 곳은 아주 작은 부분을 차지할 뿐이다.

영화 「쥬라기 공원」에서 벨로키랍토르라고 불린 공룡은 사실 데이노니쿠스다. 데이노니쿠스가 벨로키랍토르보다 더 크지만, 뇌강을 연구한 결과 문을 열 만큼 지능이 뛰어날 가능성은 낮다.

벨로키랍토르의 체구는 커다란 칠면조와 비슷했다.

발톱

벨로키랍토르는 뒷발 두 번째 발가락에 커다란 발톱이 달려 있었다. 영화에서는 이 발톱으로 먹잇감을 베고 배를 가르는 것으로 묘사된다. 그러나 연구에 따르면, 이 발톱은 단순히 구멍을 내는 정도일 뿐 두꺼운 가죽을 가를 정도로 날카롭지는 않았다. 2개의 뒷발에 달린 2개의 커다란 발톱은 벨로키랍토르가 점프해서 자신보다 더 큰 동물이나 날 수 있는 동물 위에 올라탈 경우, 먹잇감을 움켜쥐는 데 사용되었을 것으로 추정된다. 연구자들은 벨로키랍토르의 흉곽 내에서 8㎝ 길이의 화석화된 익룡의 뼛조각을 찾아낸 적이 있다. 이 벨로키랍토르는 익룡의 뼈를 먹고 난 직후 죽은 것 같다. 하지만 뼈의 바깥쪽은 위산에 의한 부식의 흔적이 전혀 보이지 않았다. 아마도 이 조그만 공룡은 마지막 식사를 하고 바로 차오르는 홍수 물에 빠져 죽은 후 급속도로 매몰되어 오늘날 우리가 연구하는 증거를 남긴 것 같다.

이빨

벨로키랍토르에게는 상어와 비슷하게 날카로운 톱니 모양으로 뒤로 구부러진 작은 이빨이 촘촘히 나 있었다. 이런 이빨은 먹이가 빠져나가는 것을 방지하는 역할을 했을 것이다. 이빨로 베어 물면 먹잇감은 대량 출혈로 힘을 잃었을 것이다.

알로사우루스 : 육지의 상어

알로사우루스는 미국 서부의 와이오밍주, 유타주, 콜로라도주, 몬태나주, 뉴멕시코주의 여러 지역에 걸쳐 화석이 많이 발견된 수각류 공룡이다. 알로사우루스라는 이름의 의미는 "이상한(또는 특별한) 파충류"다. 하지만 이 공룡이 항상 이 이름으로 알려졌던 것은 아니다. 1870년 고생물학자 조지프 라이디가 새롭게 발견한 공룡의 부분 골격에 "체강"이라는 뜻의 안트로데무스(Antrodemus)라는 이름을 붙였다. 같은 공룡의 또 다른 표본이 콜로라도주 캐니언 시티에서 발견되었고, 1877년 오스니얼 찰스 마시가 이 공룡 화석에 알로사우루스라는 이름을 붙였다. 그리고 20세기 중반이 되어서야 이 공룡의 이름이 하나로 통일되었다. 대부분의 과학자는 알로사우루스를 테타누라류("뻣뻣한 꼬리"), 카르노사우루스 하목("육식 파충류")으로 분류한다.

성체 알로사우루스는 대략 9m까지 크지만 발굴된 부분 표본은 12m에 달하는 것도 있다. 몸무게는 1.5t에서 2.5t이고, 티라노사우루스 렉스와 비교했을 때 이빨 크기가 다소 작다. 이빨은 턱선 위로 약 5㎝ 솟아 있지만, 매우 얇고 날카로우며 모양이 칼날 끝 같다. 알로사우루스는 상어처럼 이빨로 먹이를 베어 물었을 것이다. 그래서 알로사우루스를 육지의 상어라고 부르기도 한다.

유타주 중앙의 한 지점에서 최소 44개의 성체 알로사우루스 화석 표본이 발견되었다. 클리블랜드-로이드 공룡 채석장은 1920년대부터 공룡 화석 발굴이 이루어진 곳인데, 알로사우루스의 뼈는 1960년대에 들어 수천 개가 발굴되었다. 노아 시대의 대홍수 때 거대한 퇴적물이 44마리의 알로사우루스를 덮쳐 몸과 뼈를 찢어 놓았고, 이것들이 한군데에 매몰되고 응축되면서 이 채석장이 만들어진 것이다.

클리블랜드-로이드 공룡 채석장은 유타주 중앙에 자리 잡고 있다. 지금까지 이곳에서 15,000개 이상의 공룡 뼈가 출토되었고, 현재도 발굴 작업이 진행되고 있다.

유타주 클리블랜드-로이드 공룡 채석장에서 발견된 다수의 표본을 제외하고 알로사우루스가 무리를 지어 사냥한다고 주장할 만한 증거는 거의 없다. 마찬가지로, 알로사우루스가 단독으로 사냥을 했다고 말할 만한 화석 증거도 거의 없다. 살아 있는 알로사우루스를 관찰할 수 없으므로, 우리는 그들의 사냥 습성을 알 수 없다.

3. 공룡의 종류

알로사우루스의 두개골

상어의 이빨

알로사우루스는 상어와 흡사한 날카롭고 가느다란 이빨을 가졌다. 이 이빨로 먹잇감을 베어 물어 상처를 냈을 것이다.

씹기보다는 베어 버리는 공룡

컴퓨터 모델에 따르면, 알로사우루스의 무는 힘은 티라노사우루스와 비교했을 때 훨씬 약했다. 심지어 현생 악어가 무는 힘보다 더 약한 것으로 나왔다. 또 다른 컴퓨터 모의실험 결과는 알로사우루스가 티라노사우루스보다 약간 빠른 시속 34㎞로 달릴 수 있었다고 말한다. 이러한 자료에 근거하면, 알로사우루스는 일종의 손도끼처럼 머리를 휘둘러서 먹잇감을 이빨로 베어 상처를 입히고 출혈로 인해 힘이 빠지게 만드는 방식을 썼다고 할 수 있다.

1991년 와이오밍주 빅혼 분지에서 가장 완성된 형태의 알로사우루스 뼈가 발굴되었다. "빅 알"이라는 별명이 붙은 이 화석은 와이오밍대학교 지질학 박물관에 전시되어 있다. 고생물학자들은 이 공룡이 여섯 살 정도였고, 전장은 약 8m, 무게는 약 1.5t이었을 거라고 추산했다. 갈비뼈와 척추에 금이 가 있고, 손가락뼈도 깨져 있다가 치유된 흔적이 있는 등 상처가 많았다. 노아 시대의 대홍수로 토사에 매몰되어 죽을 당시 오른쪽 뒷발 뼈가 상당히 심하게 감염되었던 것 같다.

알로사우루스

딜로포사우루스 : 독을 뱉는 공룡?

영화 「쥬라기 공원」에서 딜로포사우루스는 일종의 독 같은 것을 뱉어 먹잇감을 잡아먹는다. 그런데 이렇게 묘사된 이 공룡의 행동은 과연 과학적으로 근거가 있을까? 대답은 "그렇지 않다"이다.

화석 뼈와 단백질, 콜라겐, 뼈세포, 적혈구 등의 연부조직을 포함해 수많은 공룡 견본이 발견되었지만, 연구자들은 아직 독을 뱉는 공룡이 있다는 증거는 찾아내지 못했다. 하지만 독을 뱉거나 악취가 나는 액체를 분사하는 파충류나 포유류는 많다. 그리고 욥기 41장 19-21절에 따르면, 하나님은 불꽃을 내뿜을 수 있는 리워야단(아마도 모사사우루스류의 바다 생물일 것이다)이라는 수중 생물에 대해 묘사하신다. 그러니 딜로포사우루스 같은 공룡이 독을 뱉거나, 심지어 어떤 유형의 "불"을 내뿜을 수도 있었을 것이다.

딜로포사우루스는 뒷다리로 2족 보행을 했지만, 긴 앞다리도 가지고 있었다. 앞다리에는 발가락이 각기 4개지만 그중 3개에만 발톱이 달려 있었다. 머리 위에는 2개의 가느다란 볏이 달려 있었는데, 장식용이거나 짝짓기를 할 때 상대방을 유혹하는 용도로 사용되었을 것으로 추정된다. 이 볏이 방어용으로 사용되었던 것 같지는 않다.

딜로포사우루스

목주름 장식?

딜로포사우루스는 흥분하면 오므렸다 펼 수 있는 목주름 장식이 있는 것으로 묘사되었다. 하지만 고생물학자들은 딜로포사우루스에게 목주름 장식이 달려 있었다거나, 목주름 장식이 달린 다른 공룡이 있었다는 과학적 증거는 찾지 못했다. 만약 정말 목주름 장식이 달려 있었다고 해도 살아 있는 딜로포사우루스를 관찰할 수 있는 것이 아니라면, 이 공룡이 목주름 장식을 펼치는 이유를 확실하게 알 수 없다. 즉, 대중문화나 박물관에서 설명하는 공룡의 모습을 항상 믿을 수는 없다는 의미다.

3. 공룡의 종류

"2개의 볏"

딜로포사우루스는 "2개의 볏이 달린 파충류"를 의미한다. 1942년에 부분적으로 뼈가 발굴되고 나서 1954년에 처음으로 이렇게 설명했다. 고생물학자 사무엘 폴 웰스(Samuel Paul Welles)는 이 공룡이, 영국에서 발견되어 명명된 공룡과 비슷하다고 생각해 처음에는 메갈로사우루스라고 불렀다. 하지만 1964년 애리조나주에서 뼈가 더 발견되었고, 이후 1970년에 딜로포사우루스로 이름을 바꾸었다.

딜로포사우루스는 머리 위에 가느다란 뼈가 이중으로 볏처럼 달려 있는 것이 특징으로 부각된다. 성체는 다 자라면 전장 6m, 무게는 450kg에서 900kg 정도다. 이빨이 칼날처럼 날카로운데, 앞 위턱뼈의 이빨과 뺨쪽 이빨 사이의 간격이 눈에 띌 정도로 넓다. 딜로포사우루스는 볏이 달린 머리 때문에 케라토사우루스 하목("뿔 달린 도마뱀")으로 분류된다.

육상 생물과 해양 생물이 함께 매몰되다

애리조나주 카엔타 층(Kayenta Formation)에서는 딜로포사우루스의 유해는 물론 다른 공룡, 상어, 경골어류, 쌍각류 조개, 달팽이 등의 화석도 출토되었다. 같은 지층에서 학자들은 그 밖에도 악어, 거북, 포유류, 다른 종의 공룡, 익룡의 화석도 발견했다. 어떻게 육상 생물과 해양 생물이 한곳에 같이 매몰될 수 있었을까? 노아 시대의 대홍수 때 다양한 해양 생물과 육상 생물이 모래와 토사에 함께 뒤섞인 뒤, 쓰나미 같은 파도에 밀려 현재 애리조나주 지역 진흙더미에 퇴적되면서 카엔타 층이 형성되었던 것 같다. 그렇게 오늘날 우리가 관찰하는 토사층이 형성된 것이다.

로열 온타리오 박물관에 전시된 딜로포사우루스 화석 캐스트

카엔타 층

카엔타 층은 애리조나주, 콜로라도주, 네바다주, 유타주에 걸쳐 펼쳐진 지층이다. 지층의 색깔은 주로 빨간색에서 갈색이다. 딜로포사우루스는 1942년 애리조나주 카엔타 층에서 발견되었다.

애리조나주 카엔타 층

용각 아목 : 거대하고 느릿느릿 움직이는 공룡들

용각 아목 공룡들은 지구상을 걸어 다녔던 동물 중 가장 길고 무거운 존재였다. 전장이 최소 43m로 49m까지도 자랄 수 있었다. 고생물학자들은 용각 아목 공룡들의 몸무게는 44t에서 55t이 나갔다고 추산한다. 심지어 110t이 나가는 공룡도 있었다고 본다. 목 부위에는 10개 이상의 긴 척추뼈가 있었기 때문에 일반적으로 "긴 목 공룡"이라 불리며, 대부분 꼬리도 길었다. 거대한 다리뼈와 관절 사이에서 쿠션 역할을 하는 두꺼운 연골이 육중한 몸무게를 받쳐 주었다. 용각 아목 공룡들의 머리는 몸의 크기에 비해 매우 작았다. 이들은 코끼리처럼 탄탄한 앞발로 걸었는데, 첫 번째 큰 발가락에 커다란 발톱이 달려 있었다. 이 공룡들은 날카로운 이빨이 없었기 때문에 모두 오로지 식물을 먹이로 삼았을 거라고 여겨진다.

북아메리카에서 흔히 발견된 용각류 과는 카마라사우루스 과와 디플로도쿠스 과다. 카마라사우루스류의 공룡들은 숟가락 모양의 이빨이 턱 전체에 나 있었다. 디플로도쿠스류의 공룡들은 원형 이빨이 앞에만 나 있었는데, 주로 나뭇가지에서 나뭇잎을 훑어 뜯어내는 데 사용했을 것으로 여겨진다. 카마라사우루스류의 두개골은 뭉뚝하고 둥근 형태이고, 디플로도쿠스류의 두개골은 말처럼 길게 연장된 형태였다. 둘 다 뇌가 자리할 공간이 충분한 형태는 아니라고 할 수 있다.

용각 하목

용각 아목은 원시용각류 하목과 용각류 하목으로 나뉜다. 원시용각류가 용각류보다 더 작고 전장도 짧았다. 많은 원시용각류의 전장이 8m가 채 되지 못했다. 이들 중에는 두 발로 걷는 것도 있고, 뒷발에 다섯 번째 발가락이 있었다는 점이 용각류와 다르다. 고생물학자들은 남극 대륙을 포함해 6개 대륙에서 원시용각류의 화석을 발견했다. 용각류가 원시용각류보다 훨씬 더 널리 알려졌다. 아파토사우루스, 브라키오사우루스, 디플로도쿠스, 카마라사우루스가 용각류에 속한다. 용각류의 등골뼈 측면에는 플루로실(pleurocoel)이라고 불리는 구멍이 나 있다. 이런 구멍 덕분에 척추의 무게가 가벼워져 더 많이 움직일 수 있었을 것이다. 용각류 공룡은 모든 대륙에서 발견되고 있다.

플라테오사우루스

디플로도쿠스

아르젠티노사우루스

살타사우루스

사라진 두개골

용각류는 일반적으로 두개골이 없는 상태로 발견된다. 그 이유는 목과 두개골 연결 부위가 약하고, 두개골 뼈가 얇으며, 보존이 어렵기 때문이다.

카마라사우루스의 두개골

디플로도쿠스의 두개골

아치 형태의 설계

엔지니어들은 수천 년 동안 인류가 건물이나 다리, 그리고 기타 구조물을 건설하는 데 사용해 온 아치를 완전하게 이해하고 있다. 아치는 공간으로 뻗어나가는 자체 지지 경간이다. 아치에서 둥근 부분은 아치 바로 위의 무게를 측면으로 분산하는 효율적인 지지 체계다. 용각류의 척추는 완전하게 아치 형태로 설계되어 있어서, 지지대 역할을 하는 발로 균등하게 무게가 분산된다. 이런 구조 체계가 공룡의 긴 목과 꼬리에 특별히 설계된 근육 및 힘줄과 함께 작동하기 때문에 공룡이 비교적 편안하게 목을 올리고 움직일 수 있는 것이다. 아치는 용각류(더 나아가 모든 생물)가 특별한 신체 설계로 이루어졌으며, 설계와 공학은 반드시 디자이너와 엔지니어를 필요로 한다는 점을 보여 준다.

고대 로마인이 세운 수로의 석조 아치

카마라사우루스 : 뭉툭코를 가진 거대 공룡

카마라사우루스는 발견된 용각류 화석 중 가장 흔한 종으로, 주로 북아메리카에서 발견되었다. 다른 용각류와 비교했을 때 카마라사우루스는 목과 꼬리가 짧다. 머리도 비교적 작으며, 입도 짧고 뭉툭하다. 숟가락 모양의 이빨이 턱을 따라 달려 있는데, 이 이빨을 이용해 나무껍질같이 거친 초목을 씹어 먹을 수 있었을 것이다. 과학자들은 화석 증거에 근거해서 카마라사우루스 성체가 전장 18m, 체중은 20t 정도 나간다고 추산한다.

최초로 발견된 카마라사우루스의 뼈는 척추뼈 몇 조각이었는데, 1877년 콜로라도주 모리슨 층에서 발견되었다. 유명한 공룡 사냥꾼인 에드워드 드링커 코프가 경쟁 관계인 오스니얼 찰스 마시와 뼈 전쟁을 벌이던 당시 이 공룡의 뼈를 샀고, 같은 해 카마라사우루스 수프레무스(*Camarasaurus supremus*)라고 이름을 붙였다.

"방 도마뱀"

코프는 이 공룡의 이름을 카마라사우루스("방 도마뱀"이라는 뜻)라고 붙였는데, 그 이유는 척추에 공간이 있었기 때문이다. 당시 그가 분석할 수 있는 유일한 자료는 척추뼈뿐이었다. 플루로실이라고도 불리는 이런 공간 덕분에 목과 꼬리가 가벼워져, 힘들이지 않고 머리나 꼬리를 들고 있을 수 있었을 것이다.

두개골

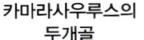
카마라사우루스의 두개골

카마라사우루스의 머리는 크고 깊으며, 뭉툭한 주둥이는 불도그과 비슷하다. 카마라사우루스는 디플로도쿠스 같은 다른 용각류들과 다르다. 디플로도쿠스의 머리는 비교적 작고 낮으며 모양이 말과 비슷하다. 카마라사우루스의 두개골에는 커다란 구멍이 나 있는데, 아마 이곳에 눈과 콧구멍이 있었을 것이며, 시력과 후각 능력이 좋았을 것으로 추정된다.

불도그

3. 공룡의 종류

대홍수에서 탈출하다

고생물학자들은 일렬로 놓여 있는 카마라사우루스의 알 화석을 발견했다. 이 알들은 아마 진흙 속에 매몰돼 재빨리(며칠 혹은 몇 주의 시간 동안) 마른 뒤 딱딱하게 굳어진 것으로 추정되며, 카마라사우루스가 걸어가던 중 알을 낳고 버렸을 것으로 여겨진다. 몇몇 연구자들은 이런 점에서 카마라사우루스가 새끼를 직접 기르지 않았다고 믿는다.

그러나 모든 공룡의 행동을 평가하는 문제가 그렇듯, 살아 있는 카마라사우루스를 직접 관찰하지 않고는 이 공룡이 어떤 식으로 새끼를 기르는지 확실하게 알 수 없다. 우리가 관찰할 수 있는 것은, 알을 일렬로 낳아서 두는 것이 대부분의 살아 있는 파충류에게서는 볼 수 없는 특이한 현상이라는 점이다. 대부분의 악어, 뱀, 도마뱀은 보통 주변에서 부분적으로 가려진 구멍을 찾거나 구덩이를 파서 알을 낳고, 부화할 때까지 부근에 머물며 둥지와 알을 보호한다. 바다거북도 알을 버리지만, 보통 둥지에 낳기도 전에 버리지는 않으며 낳은 후 파묻어 둔다. 발견된 공룡알의 경우, 아마도 어미 카마라사우루스가 노아 시대에 대홍수 물이 차오르자 빠져나오려 노력했는데, 알을 놓아둘 안전한 둥지를 찾을 수 없었던 것 같다. 그래서 어미는 목숨을 구하고자 도망가는 중 알을 낳았던 것 같다.

악어 알

카마라사우루스

브라키오사우루스 : 코가 큰 거대 공룡

브라키오사우루스는 머리 위에 난 커다란 콧구멍 때문에 때때로 용각 하목의 새로운 하위 범주인 대비류(Macronaria, "큰 코"라는 뜻)에 포함되기도 한다. 이 공룡은 대부분의 용각류와 약간 달랐다. 초기 고생물학자들은 브라키오사우루스가 두개골 위쪽에 있는 커다란 콧구멍을 이용해 육중한 몸을 물에 띄우고 살았고, 두개골 끝만 살짝 드러내 숨을 쉬었다고 믿었다. 그러나 후일의 연구에서는 이 공룡의 탄탄한 발의 구조가 다른 대부분의 공룡과 마찬가지로 이들이 육지에 살았다는 증거라고 주장한다. 미국의 고생물학자 래리 위트머(Larry Witmer) 박사는 브라키오사우루스의 콧구멍이 두개골 전면에 더 가까이 나 있고 다육질의 비강 조직으로 가득 차 있어서, 냄새를 맡는 능력이 강화되었을 것이라고 주장했다.

브라키오사우루스는 가장 무겁고 희한한 용각류 공룡 중 하나다. 체중은 50t, 몸길이는 26m로 추정된다. 가장 희한한 특징은 둥글납작한 코가 아니라 뒷다리보다 더 긴 앞다리다. 그래서 이 공룡은 머리를 아주 높이, 지상 18m 이상으로 들 수 있었을 것이다. 고생물학자들은 그렇게 높은 곳에 있는 뇌에 피를 공급할 때 혈압이 얼마나 되어야 하는지를 설명하기 위해 여전히 애쓰고 있다.

1900년 콜로라도주 서부에서 브라키오사우루스 알티토락스(*Brachiosaurus altithorax*)가 시카고대학교의 엘머 릭스에 의해 발견되었다. 그는 다리뼈, 갈비뼈, 골반과 척추를 포함해 견본 20% 정도를 발굴했다. 긴 앞다리를 기리는 의미에서 새로운 종에 "팔 도마뱀"이라는 이름을 붙일 수 있을 만큼 충분한 자료를 찾은 것이다. 오늘날 대부분의 원본 표본은 시카고의 필드 자연사 박물관에 비공개로 보관되어 있다. 원본을 공개하지 않는 대신 복제품을 시카고 오헤어 국제공항에 전시하고 있다.

브라키오사우루스 알티토락스의 뼈 견본을 가지고 작업 중인 엘머 릭스와 H.W. 멘케

좀 더 완성된 브라키오사우루스의 표본은 독일 원정단이 1909년에서 1912년까지 탄자니아에서 발굴 작업을 한 후, 1914년 베르너 야넨쉬가 그것에 대해 설명했다. 미국 고생물학자들은 여기서 뼈 복제품을 얻어 그들만의 브라키오사우루스를 복원해 설치했다. 최근 베를린 박물관에 소장되어 있는 탄자니아 견본은 뼈 비율에 있어서 근소한 차이로 인해 기라파티탄 브란카이(*Giraffatitan brancai*)라는 새로운 이름을 얻었다. 하지만 창조과학자들은 브라키오사우루스류의 두 가지 종(그리고 차후에 발견되는 종도) 모두가 같은 "종류"이며, 작은 차이점은 하나님이 정교하게 브라키오사우루스의 설계를 변조하신 것으로 받아들인다.

3. 공룡의 종류

독일의 지구 물리학자이자 기상학자인 알프레드 베게너(Alfred Wegener)는 북미와 아프리카에서 브라키오사우루스의 화석을 공동으로 발견했지만, 놀랍게도 그가 새롭게 주장한 대륙 이동 가설을 뒷받침하는 데 이 증거를 언급하지 않았다. 그는 선구적인 판게아 이론(먼 과거 어느 시점에는 모든 대륙이 하나로 뭉쳐져 있었다는 이론)을 재구성할 때 이 이론에 "부합하는" 다른 화석 증거는 사용했지만, 아이디어를 더욱 발전시키는 데 브라키오사우루스의 화석을 이용할 기회는 놓쳤던 것 같다. 당시 고생물학자들은 똑같은 공룡이 어떻게 현재는 수천 킬로미터에 달하는 대양에 의해 분리된 두 개 대륙에 공존할 수 있었는지 의아했을 것이다. 이 수수께끼는 현대의 판구조론이 나온 다음에야 비로소 풀렸다.

알프레드 베게너

또 다른 대비류 공룡이 폴 세레노(Paul Sereno)에 의해 아프리카의 니제르에서 발견되었다. 그는 이 공룡에게 "신비로운 동물"이라는 의미의 조바리아(Jobaria)라는 이름을 붙였다. 그는 기준 표본과 95% 정도 비슷한 종의 공룡과 함께 그 종의 어린 공룡도 발굴해 냈다. 그런데 둘 다 두개골은 없었다. 세레노는 그 지역 유목민의 도움으로 수 킬로미터 떨어진 곳에서 외견상 맞아 보이는 성체의 두개골을 찾았다. 성체 조바리아는 몸길이 21m, 체중은 약 25t이 나간 것으로 추정된다.

브라키오사우루스

디플로도쿠스 : 거대한 미국 공룡

1899년 7월 4일, 피츠버그의 카네기 연구소(현재 카네기 자연사 박물관) 소속 팀이 와이오밍주 코모 블러프 부근에서 거대한 용각류 공룡의 발톱 뼈를 발굴했다. 그들은 계속 땅을 파나가는 중에, 26m 크기의 디플로도쿠스의 완전한 뼈 화석을 발견했다. 그들은 이 표본에 "디피"(Dippy)라는 이름을 붙였다. 그들은 이 공룡을 새로운 종으로 분류하면서 발굴 원정을 지원한 앤드루 카네기(Andrew Carnegie)의 이름을 따 디플로도쿠스 카르네기(*Diplodocus carnegii*)라는 이름을 붙였다. 이에 앞서 1878년에 오스니얼 찰스 마시가 콜로라도주 캐니언 시티에서 나온 표본을 연구한 후 먼저 디플로도쿠스라는 이름을 붙였다. 이 최초의 표본과 디피는 주(州)는 다르지만 같은 모리슨 층에서 발견되었다.

디피를 발굴한 카네기 연구소 팀은 신속하게 새로운 디플로도쿠스 카르네기 표본을 박물관에 설치했다. 그때까지 가장 긴 공룡이 최초로 일반에 공개된 것이다. 이후 복제본 요청이 쇄도했다. 앤드루 카네기는 공룡 복제본에 관한 요청에 부응하기 위해, 심지어 특별팀을 구성해 석고 복제본을 제작해야 했다. 이후 몇 년간 디플로도쿠스의 복제본은 유럽과 남미 유수의 박물관에 전시되었다. 디피가 공룡의 대중화와 인기에 시발점이 된 것이다.

디플로도쿠스 카르네기의 정기준 표본(종의 원형을 나타내는 표본), 카네기 자연사 박물관

디플로도쿠스는 "2개의 기둥"을 의미한다. 이 공룡의 꼬리 아랫부분에 막대기같이 기다란 2개의 뼈가 혈관궁(셰브런[chevron]이라는 이름의, 꼬리 아래쪽에 있는 V자 모양의 뼈-역주)과 대칭으로 배열되어 있기 때문이다. 꼬리는 최소 80개의 개별적인 뼈로 구성되어 있는데, 마지막 30개의 뼈는 끝으로 갈수록 가늘어지며 채찍 같은 모양을 하고 있다. 몇몇 과학자들은 공룡이 채찍처럼 꼬리를 휘두를 때 "딱" 하고 갈라지는 소리를 내면서 무리에게 경고했을 거라고 주장하기도 했다.

3. 공룡의 종류

용각류의 뼈를 발굴하면 대개 두개골이 없다. 흔히 발굴 작업을 할 때 전체 목과 몸의 뼈는 다 찾지만 두개골이 없는 경우가 많다. 진화과학자들은 처음부터 잘 붙어 있지 않던 공룡의 머리가 흐르는 물에 의해 몸체와 분리된 후 매몰된 것이라고 생각한다. 창조과학자들도 이에 대해 어느 정도 진화과학자의 해석에 동의한다. 하지만 창조과학자들은 흐르는 물이 어떤 지역에 국한된 사건이 아닌 전 지구적 대홍수의 결과로 본다.

디플로도쿠스의 두개골

체중이 대략 10t에서 18t인 디플로도쿠스는 용각류 공룡 치고는 다소 호리호리한 편이다. 수많은 용각류와 비교했을 때, 팔다리뼈를 더 많이 흐느적거리는 편이고, 갈비뼈는 길고 좁다. 이와 대조적으로, 브라키오사우루스는 무게가 거의 40t에서 50t 정도 나갔을 것으로 추정된다.

디플로도쿠스의 이빨을 보면, 이 동물이 부드러운 식물을 먹고 나뭇잎과 솔잎을 벗겨 내고 뜯어 먹는 데 완벽하게 최적화되어 있다는 것을 알 수 있다. 디플로도쿠스 과는 못 모양의 앞니가 위아래로 나 있고 씹을 어금니가 없었다. 이 공룡은 음식을 소화하기 위해 아마도 위장의 아래쪽 근육 주머니, 즉 모래주머니에 있는 위석에 의존했을 가능성이 크다.

디플로도쿠스 중 일반적으로 용인된 종은 4가지다. 첫 번째는 디플로도쿠스 롱구스(*Diplodocus longus*)다. 모든 견본이 본질적으로 다 같고 소소한 차이만 있을 뿐이다. 창조과학자들은 이것을 모두 같은 종류라고 본다. 말하자면, 여러 종의 개(dog)와 같이 보는 것이다. 즉, 중국에서 발견된 마멘키사우루스(*Mamenchisaurus*)와 뉴멕시코주에서 발견된 세이스모사우루스(*Seismosaurus*)가 같은 종에서 변환된 공룡이라고 여긴다.

세이스모사우루스

마멘키사우루스

디플로도쿠스

플라테오사우루스 : 납작 도마뱀

플라테오사우루스(*Plateosaurus*)는 목이 긴 공룡으로 원시용각류 하목에 속한다. 머리가 작고 몸통은 크며, 뒷다리가 크고 앞다리는 짧다. 고생물학자들은 화석으로 추정할 때 플라테오사우루스의 몸길이는 9m가 넘고, 체중은 4t이 훨씬 넘었을 것으로 본다.

이 공룡은 네 다리와 발가락을 이용해 걸어 다녔지만, 뒷다리로만 일어설 수 있었을 것이다. 긴 엄지발톱은 나무 몸통이나 다른 키 큰 물체를 움켜쥘 때 사용되었을 것으로 추정된다. 플라테오사우루스는 초목을 썰기에 적합하게 측면이 평평한 나뭇잎 모양의 이빨을 가졌다. 하지만 위에서 초목을 더욱 더 잘게 썰어 소화를 잘 시키도록 작은 돌멩이(위석)를 삼켰을 것이다.

플라테오사우루스는 나뭇잎 모양의 톱니 이빨을 가졌다.
이런 이빨은 거친 초목을 써는 톱 역할을 했다.

"납작한 도마뱀"

1834년 독일에서 이 공룡의 척추뼈와 다리뼈 화석이 최초로 발견되었다. 플라테오사우루스라는 이름은 아마 "납작한 도마뱀" 내지는 "커다란 도마뱀"이라는 뜻일 텐데, 왜 이런 이름이 붙었는지 그 이유는 확실히 밝혀지지 않았다.

1855년 독일의 고생물학자 헤르만 폰 마이어(Hermann von Meyer)는 그림과 함께 플라테오사우루스에 대한 기술 내용을 출간했다. 하지만 공룡 이름의 의미에 대해서는 쓰지 않았다. 최초의 발견 이후, 플라테오사우루스는 부분적인 것부터 완전한 것까지 100개체 이상의 유해가 유럽의 다양한 지역에서 발견되었다.

헤르만 폰 마이어

플라테오사우루스

3. 공룡의 종류

함께 매몰되다

고생물학자들은 유럽의 여러 지역에서 함께 매몰된 플라테오사우루스들의 화석을 발견했다. 이는 이 공룡들이 소나 코끼리처럼 무리 지어 살았음을 보여 준다. 또한 노아 시대 대홍수 때 차오르는 물을 피해 도망가고 있었음을 가리킨다고도 할 수 있다.

어떤 동물이 죽은 후 다른 포식자가 그 시체를 뜯어먹기 전에, 물이 섞인 진흙에 갑자기 매몰되고 굳으면 화석이 된다. 물속에 함유된 무기질로 인해 유해가 시멘트처럼 딱딱해지기 때문에, 물에서 생성되는 박테리아에 의해 분해되는 것이 방지된다.

분류상의 문제점

플라테오사우루스는 1800년대 중반에 발견된 이후 몇 번이나 재분류되었다. 헤르만 폰 마이어는 이제는 없어진 그룹에 이 공룡을 집어넣기도 했고, 오스니얼 찰스 마시는 수각류(티라노사우루스, 벨로키랍토르 등)로 분류하기도 했다. 진화론자들이 동의하지 않기는 하지만, 현재 플라테오사우루스는 용각류와 비슷하다고 여겨져 용각아목으로 분류되고 있다.

플라테오사우루스를 분류하는 일을 둘러싼 혼란은 이 공룡이 공룡 진화의 계통에서 어디에 속하는지에 대해 과학자들이 서로 다른 견해를 가진 데에서 비롯되었다. 하지만 플라테오사우루스를 특별하게 창조된 공룡 종류 내에서 변화한 것이라고 본다면, 분류 문제는 혼란스러울 이유가 없다.

브론토사우루스일까, 아파토사우루스일까?

공룡 사냥꾼 오스니얼 찰스 마시와 에드워드 드링커 코프가 뼈 전쟁을 벌이는 동안 공룡 이름을 짓는 데 많은 실수가 발생했다. 가장 유명한 사건은 브론토사우루스를 둘러싼 논란인데, 4장의 우표 발간으로 인해 널리 알려지게 되었다. 1989년 미 우편국에서 티라노사우루스와 스테고사우루스, 브론토사우루스, 그리고 익룡 프테라노돈(Pteranodon)의 우표를 발간했다. 공룡에 관심이 있는 시민들은 브론토사우루스를 아파토사우루스라고 불러야 한다고 편지를 썼다. 두 공룡이 사실상 같은 것이고, 아파토사우루스라는 이름이 먼저 붙었기 때문에 아파토사우루스가 바르다고 설명했다.

아파토사우루스의 두개골

카마라사우루스의 두개골

두 이름을 가진 공룡

1877년 마시는 척추뼈에 근거해 아파토사우루스("속임수 도마뱀"이라는 뜻) 속이라고 이름을 붙였다. 그는 그림은 없이 단 두 단락 길이의 특징만을 발표했다. 1879년 마시는 골반과 척추뼈 몇 가지에 근거해 이번에는 브론토사우루스("천둥 도마뱀"이라는 뜻)라고 이름을 붙였다. 그리고 역시 그림은 없이 두 단락 길이의 특징만을 발표했다. 1883년에는 완전한 브론토사우루스의 뼈 복원 작업을 했다. 그런데 실수로 머리는 카마라사우루스의 것을 붙였다. 브론토사우루스는 싱클레어 오일사의 로고로, 또 몇 편의 영화에 나오면서 더욱 유명해졌다.

1903년 마시가 타계한 후, 시카고 필드 컬럼비아 박물관(현 필드 자연사 박물관)의 엘머 릭스가 다소 잘 알려지지 않은 저널에, 마시가 이름 붙인 아파토사우루스는 사실 어린 브론토사우루스의 표본이라고 선언했다. 릭스는 과학적 증거에 의해 아파토사우루스라고 먼저 이름을 붙였으므로, 브론토사우루스라는 이름은 폐기되어야 한다고 결론지었다.

아파토사우루스

1989년 미 우편국이 발행한 우표

미 우편국은 회보 21744호를 통해, 먼저 지정한 이름에 우선순위가 있다고 해도 널리 알려진 유명한 이름이 유효할 수 있다는 전권 규칙을 언급했다. 다시 말해, 특정 이름이 인기 있다면 그 이름이 과학적으로 정확하다고 받아들일 수 있다는 것이다. 그래서 이 속의 이름을 브론토사우루스로 부르는 것은 아파토사우루스라는 이름을 사용하는 것과 마찬가지로 이치에 맞는다고 보았고, 결국 우표와 이름은 폐기되지 않았다.

"속임수 도마뱀"

아파토사우루스는 "속임수 도마뱀"이라는 뜻이다. 이 공룡과 관련한 논란을 돌이켜 생각해 보면, 마시가 붙인 이 이름은 적절해 보인다.

카마라사우루스

마시는 1883년 브론토사우루스의 뼈를 복원 작업할 때 가까이 있던 카마라사우루스의 머리를 사용했다. 용각류 공룡은 목과 머리의 연결 부위가 약하기 때문에, 대부분 머리가 없는 상태로 발견된다. 마시는 뼈를 완전히 맞추기 위해 가까운 곳에서 찾을 수 있는 머리를 가져다 붙였다. 브론토사우루스가 인기를 얻고 여러 박물관에서 이 공룡 복제본이 설치되는 통에 잘못을 바로잡기까지 거의 100년이 걸렸고, 정정 작업은 오늘날까지도 계속되고 있다.

카마라사우루스

아파토사우루스

주식두 아목 : 반구형 머리를 가진 공룡, 뿔 달린 공룡, 주름 장식이 달린 공룡

주식두 아목(Marginocephalia, "모서리 머리"라는 뜻)에 해당하는 모든 공룡은 어떤 모양의 주름 장식이 달려 있거나 두개골 뒤편을 따라 길쭉하게 솟은 부분이 있다. 주식두 아목은 다시 파키케팔로사우루스류와 케라톱스류 하목으로 분류된다.

파키케팔로사우루스류는 "반구형 머리"라는 뜻이다. 이 그룹의 공룡은 두 발로 걷는 반구형 머리 공룡으로, 두개골 상단 부분이 딱딱한 뼈로 이루어져 있다. 이 그룹에서 가장 많이 알려진 공룡은 스테고케라스(*Stegoceras*) 속으로, 북미 지역에서 발견된다. 유럽과 아시아에서도 파키케팔로사우루스(*Pachycephalosaurus*)의 화석 파편이 발견되었다.

케라톱스류의 뜻은 "뿔난 머리"다. 이 하목은 프시타코사우루스 과와 네오케라톱스 과로 나뉜다. 프시타코사우루스 과의 대표 공룡이 프시타코사우루스(*Psittacosaurus*) 속이다. 이 공룡은 2족 보행을 하며, 일명 "앵무새 도마뱀"으로 알려져 있다. 네오케라톱스 과에는 고생물학자들이 북미에서 발견한 트리케라톱스, 스티라코사우루스(*Styracosaurus*), 센트로사우루스(*Centrosaurus*)와 같이 뿔이 달린 공룡, 주름 장식이 달린 공룡들이 포함된다. 네오케라톱스 과에 속하는 프로토케라톱스류는 머리에 눈에 띄게 튀어나온 뿔은 없으며, 기본적으로 아시아에서 발견되었다. 케라톱스류는 뿔과 주름 장식의 스타일이나 모양 면에서 가장 다양한 공룡 그룹 중 하나다. 이 그룹의 공룡들은 창조된 공룡 종류 내 변화를 반영한다고 할 수 있다.

파키케팔로사우루스 하목

스테고케라스는 모든 파키케팔로사우루스 하목의 공룡처럼 초목을 먹고 자르는 데 사용하는 작은 톱니 모양의 이빨이 있다. 두개골은 등뼈와 직각으로 목에 붙어 있어 머리가 아래로 늘어졌다. 반구 형태의 두개골 상단은 앞쪽으로 나 있고 전방을 가리켰다. 이 공룡은 조각류(오리 주둥이 공룡)와 비슷한 신체 특징이 많았다. 뒷다리가 훨씬 더 길고, 꼬리에는 경화된 힘줄이 있어서 힘을 받쳐 주었다. 대부분의 고생물학자는 반구형 머리가 오늘날 큰뿔야생양처럼 종 내에서 경쟁할 때 사용되었다고 생각한다. 또한 위협을 받을 때 방어용으로 사용되었을 수도 있고, 단순한 전시용이었을 수도 있다.

스테고케라스

케라톱스류

대부분의 케라톱스류는 덩치가 크고, 전장은 대략 6m에서 9m에 이른다. 식물을 먹고, 네 발로 걸어 다녔으며, 두개골이 아주 크다(2.4m에 이르는 것도 있다). 또한 뿔과 주름 장식의 모양이 아주 다양하다. 이 공룡류는 기본적인 몸 구조가 모두 같다. 알을 까고 막 나온 새끼는 아마 모두 똑같이 보였을 것이다. 하지만 성숙해지면 뿔과 주름 장식의 모양이 다르다는 것이 확연해졌다. 이빨 없는 부리 모양의 턱에는 하드로사우루스같이 어금니를 받쳐 주는 지지대가 있었다. 턱 안에는 실제 사용하는 위쪽 이빨 아래에 3, 4개의 대체 이빨이 나 있었다. 이 이빨들은 높은 각으로 만나 가윗날처럼 맞물리는 방식으로 작동했다. 턱 근육에 커다란 주름 장식이 달린 이 공룡류는 아주 거친 초목도 잘 씹을 수 있었을 것이다.

토로사우루스

주름 장식

많은 고생물학자가 이전에는 주름 장식이 포식자의 공격을 방어하는 데 사용되었을 것이라고 생각했다. 하지만 면밀하게 관찰한 후 그럴 가능성이 작았을 것이라는 결론을 내렸다. 그 이유는, 먼저 이 주름 장식에는 대개 커다란 구멍이 있었기 때문에 방어에는 그다지 적합하지 않다. 둘째, 주름 장식 안에 혈관이 많고 스테고사우루스의 골판처럼 내부가 구멍으로 채워져 있었으므로, 물리거나 찢어지면 피가 났을 것이기 때문이다. 현재 과학자들은 이 주름 장식이 근육에 붙어 있어서, 공룡이 무엇인가를 세게 무는 데 힘을 주는 정도의 역할을 했을 거라고 생각한다.

트리케라톱스의 두개골

프로토케라톱스

프시타코사우루스

파키케팔로사우루스

프로토케라톱스 : 케라톱스류 공룡들의 "양"

1922년에 몽골로 간 첫 번째 중앙아시아 원정에서 원정대 사진사 J. B. 쉐켈포드(J. B. Shackelford)가 어떤 공룡의 두개골을 발견했다. 월터 그레인저(Walter Granger)와 W. K. 그레고리(W. K. Gregory)는 원정대 대장이었던 로이 채프먼 앤드루스를 기리며 이 새로운 공룡을 프로토케라톱스 안드레우시(*Protoceratops andrewsi*)라고 명명했다. 이는 "최초의 뿔 달린 얼굴"이라는 뜻이다. 쉐켈포드는 같은 지역에서 선사 시대 새의 것으로 추정되는 알껍데기 조각도 발견했다.

이듬해 두 번째 아시아 원정에서는 13개의 무리로 구성된 알둥지가 발견되었다. 원정대가 알과 같은 암석층에서 프로토케라톱스의 두개골 70개와 골격 14개를 발굴했기 때문에, 그들은 그 알들이 당연히 프로토케라톱스의 것이라고 생각했다. 그런데 1993년에 비슷한 알 중에서 배아 골격 화석이 발견되었는데, 이것이 프로토케라톱스가 아닌 오비랍토르의 알로 밝혀졌다. 알 도둑이라는 별명이 붙어 있던 오비랍토르가 알을 훔친 게 아니라 알의 부모로 밝혀진 것이다. 그래서 현재는 모든 알이 오비랍토르의 것으로 인정되고 있다.

프로토케라톱스는 양과 크기가 비슷한데, 체중이 180kg, 높이가 60cm에서 90cm, 전장은 1.5m에서 1.8m 정도다. 몽골과 중국 각각 단일 지역에서 발견된 골격의 숫자에 근거해, 진화과학자들은 이 공룡이 대단위로 무리 지어 살면서 공룡의 "양"이라는 평판을 얻었다고 믿는다. 그러나 창조과학자들은 이렇게 무리 지어 있는 것은 노아 홍수의 결과라고 설명한다. 즉, 쓰나미 같은 파도에 공룡 사체들이 한꺼번에 밀려나 한곳에 쌓여 있는 것을 발견하고 이들이 무리 지어 산 것으로 추정했다는 뜻이다. 이후 미국 자연사 박물관 팀의 원정에서 같은 암석층에 악어, 거북, 심지어 벨로키랍토르까지 다양한 동물의 화석이 프로토케라톱스의 화석과 함께 매몰돼 있는 것이 발견되었다.

프로토케라톱스의 머리에는 대부분 커다란 주름 장식이 달려 있다. 머리 뒤에 짧고 조그만 주름 장식이 달린 프로토케라톱스도 있다. 몇몇 고생물학자들은 이것이 성별이 다른 데서 기인한 육체적 특징과 관련 있다고 생각한다. 주름 장식이 커다란 것은 수컷이고 작은 것은 암컷이라고 추정하지만, 화석으로 암수 구별을 확실하게 할 방법이 없으므로 이는 여전히 풀리지 않은 수수께끼로 남아 있다.

프로토케라톱스

3. 공룡의 종류

프로토케라톱스는 대부분의 케라톱스류와는 달리 머리에 날카로운 뿔은 없었지만, 머리 뒤편에 상당한 크기의 보호 주름 장식이 달려 있다. 주름 장식을 구성하는 마루뼈에는 2개의 큰 구멍이 나 있다. 대부분의 고생물학자는 케라톱스류 공룡들의 주름 장식은 근육과의 연결에 이용되었고, 이로 인해 강력하게 무는 행위가 가능했다고 생각한다. 59쪽의 프로토케라톱스와 벨로키랍토르가 싸우는 놀라운 광경이 포착된 화석 표본을 참고하면, 벨로키랍토르의 오른팔이 프로토케라톱스에게 꽉 물리면서 본질적으로 싸움이 멈춰졌음을 추정할 수 있다. 강력하게 무는 힘은 프로토케라톱스가 행사할 수 있는 가장 무서운 방어책이었던 것이다.

프로토케라톱스의 두개골

그리핀 동상

B. C. 650년경의 그리스어 문헌에는 신화적 동물인 그리핀(griffin)을 기술한 부분이 나온다. 그리핀은 4족 보행을 하는 사자처럼 생긴 동물인데, 부리는 랩터의 부리와 닮았다. 이 전설적인 동물을 지금의 몽골 땅을 여행하며 살았던 고대 유목민과 연관시킨 가설이 하나 있다. 이 유목민들이 아마 프로토케라톱스처럼 생긴 동물의 화석을 우연히 발견하고, 이를 설명하기 위해 그리핀 같은 동물 이야기를 만들어 발전시켰던 것 같다. 이것이 그리핀이라는 신화적 동물의 원전인지는 사실 불분명하다. 화석에서 파생되었다기보다는 아마도 B. C. 650년경에 여전히 살고 있었던 공룡이나 용을 해석한 동물이 그리핀일 수 있다.

고생물학자들이 둥지라고 해석하는 곳에서 15마리의 프로토케라톱스 새끼들이 발견되었다. 이를 두고 창조과학자들은 금방 알을 까고 나온 새끼들이 홍수 물이 운반해 온 흙 속에 재빨리 매몰된 것이라고 설명한다. 대홍수 기간에 수많은 공룡이 어느 정도 살아 있었으나, 더 높은 고지를 찾아가려 애쓰다 결국 차오르는 물에 휩쓸려 버렸을 것이다. 새끼를 밴 공룡들은 본능적으로 마른 땅을 찾아 둥지를 만들고 알을 낳았을 것이다. 전 지구적으로 일어난 이 재앙으로 인해 알, 둥지, 갓 태어난 새끼, 어린 공룡과 성체 공룡까지 거의 모든 단계의 생명체의 흔적이 화석으로 보존되었고, 오늘날 우리가 그것을 찾게 된 것이다.

파키케팔로사우루스 : 반구형 머리

파키케팔로사우루스 하목 또는 "반구형 머리의 파충류"의 최초 표본은 1850년경에 발견되었지만, 화석 자료가 부족한 탓에 수많은 표본이 완전히 다른 종으로 분류되었다. 발굴된 대부분의 표본은 두꺼운 머리덮개 뼈(반구)이고, 나머지는 출토된 것이 거의 없다. 발견된 표본이 대부분 파편이나 조각뿐이라 몇몇은 이 공룡과 이빨이 비슷한 수각류 공룡 트로오돈(Troodon)과 혼동되기도 했다. 북미, 유럽 그리고 아시아에 걸쳐 북반구 지역에서 발견된 11개의 공룡 종이 이 파키케팔로사우루스 과에 속한다. 이 공룡의 화석들은 백악기 후기 지층이라고 명명된 대홍수 후기 시대 암석층에서 발견되었다.

파키케팔로사우루스는 2족 보행을 했다. 키는 1.8m에서 2.1m 정도이고, 체중은 90kg 정도 나갔다. 경화된 힘줄 탓에 유연성이 떨어져 꼬리 끝이 뻣뻣했다(이 점에서는 조각류 공룡이나 드로마에오사우루스류와 비슷하다). 이 꼬리는 걷거나 뛸 때 균형을 잡기 위한 균형추 역할을 해, 측면에서 측면으로 제한적으로 움직이는 데 사용되었던 것 같다. 반구형 머리의 상단은 대개 매끄럽지만, 많은 종의 머리에 뾰족한 혹 같은 것이 뒷면과 측면 주변에 솟아 있었다. 또한 대부분의 파키케팔로사우루스 두개골 뒤편에는 작은 테두리가 있거나 선반을 놓은 것처럼 층이 져 있다. 이 작은 테두리 때문에 많은 고생물학자가 이 공룡을 트리케라톱스와 프로토케라톱스가 속한 케라톱스류와 함께 주식두 아목("능선형 머리")으로 묶는다.

파키케팔로사우루스의 두개골

파키케팔로사우루스는 공룡 중에서도 가장 다양한 이빨을 가졌다. 앞쪽 상단 턱에 난 이빨은 원추형이고, 턱 측면에는 이랑 진 곳에 나뭇잎 모양의 이빨이 박혀 있다. 아래턱에 원추형 이빨이 나 있는 종도 있다. 이런 다양성 덕분에, 이 공룡들이 아마도 다양한 범위의 초목을 먹었을 거라고 추정할 수 있다.

파키케팔로사우루스 목에서 가장 일반적으로 발견된 화석은 스테고케라스 속의 것이다. 몬태나주 헬 크리크 층이 있는 북미 서부 지역에서는 40여 종의 부분 표본이 발견되었다.

스테고케라스의 두개골

스테고케라스

파키케팔로사우루스의 뼈는 1859년에서 1860년 사이 몬태나주 동부에서 지질학자 페르디난트 헤이든(Ferdinand V. Hayden)에 의해 발견되었다. 1943년에 바넘 브라운이 파키케팔로사우루스 속을 공동으로 규명해 내기 전까지 이런 초기에 발견된 골격들은 모두 같은 종으로 분류되었다. 안타깝게도, 심지어 오늘날까지도 발견된 대부분의 견본이 머리덮개 뼈와 부러진 뼛조각 정도이기 때문에, 과학자들은 완전한 파키케팔로사우루스가 어떤 모습인지 확신하지 못한다. 이 공룡류는 파키케팔로사우루스 아목의 다른 속보다 몸집이 더 커서, 전장은 거의 4.5m, 무게는 400kg 정도 나갔을 것으로 추정된다.

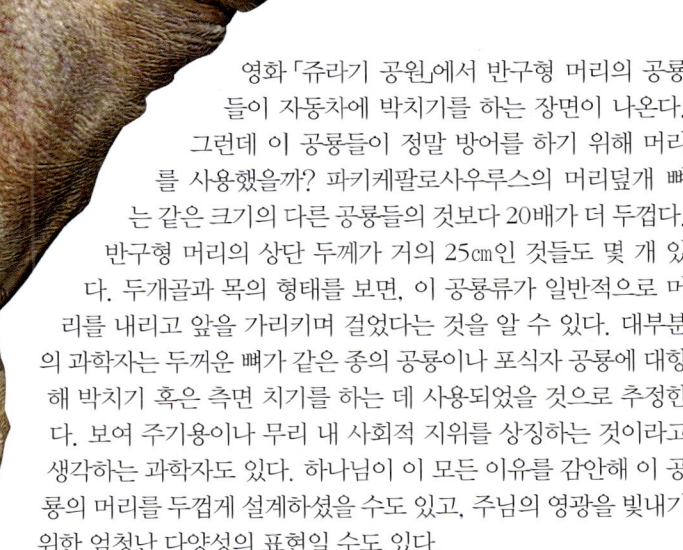

드라코렉스 호그와트시아

사우스다코타주 헬 크리크 층에서 발견된 화석화된 두개골이 새로운 공룡 속으로 인정돼, 조앤 롤링의 『해리포터』 시리즈에 나오는 마법 학교의 이름을 따 드라코렉스 호그와트시아라는 이름을 얻었다. 그러나 과학자들은 현재 이 두개골이 새로운 종이라기보다는 어린 파키케팔로사우루스의 표본이라고 말한다.

파키케팔로사우루스

영화 「쥬라기 공원」에서 반구형 머리의 공룡들이 자동차에 박치기를 하는 장면이 나온다. 그런데 이 공룡들이 정말 방어를 하기 위해 머리를 사용했을까? 파키케팔로사우루스의 머리덮개 뼈는 같은 크기의 다른 공룡들의 것보다 20배가 더 두껍다. 반구형 머리의 상단 두께가 거의 25㎝인 것들도 몇 개 있다. 두개골과 목의 형태를 보면, 이 공룡류가 일반적으로 머리를 내리고 앞을 가리키며 걸었다는 것을 알 수 있다. 대부분의 과학자는 두꺼운 뼈가 같은 종의 공룡이나 포식자 공룡에 대항해 박치기 혹은 측면 치기를 하는 데 사용되었을 것으로 추정한다. 보여 주기용이나 무리 내 사회적 지위를 상징하는 것이라고 생각하는 과학자도 있다. 하나님이 이 모든 이유를 감안해 이 공룡의 머리를 두껍게 설계하셨을 수도 있고, 주님의 영광을 빛내기 위한 엄청난 다양성의 표현일 수도 있다.

프시타코사우루스 : 앵무새 파충류

모든 케라톱스류 공룡들은 커다란 뿔의 프시타코사우루스처럼 부리 모양의 뼈가 턱의 전면에 나 있었다. 이 "부리 뼈"는 일반적인 앞 위턱뼈 사이에 들어맞는다. 프시타코사우루스는 튀어나온 "부리 뼈"가 있고 케라톱스류로 분류되지만, 케라톱스 그룹 내 대부분의 종이 보유한 머리 뒤편 주름 장식이나 튀어나온 뿔은 없다.

프시타코사우루스는 이 그룹에서 가장 많이 알려진 공룡이다. 얼굴 생김새가 앵무새를 닮아서 이름이 글자 그대로 "앵무새 파충류"다. 프시타코사우루스의 턱뼈는 공룡치고는 상당히 특이하다. 내부 턱관절이 달린 분할 턱이 아니라 상단 턱뼈 하나와 하단 턱뼈 하나로 구성되어 있다. 부리는 둥글고 납작한 것이 초목을 잘라 내기에 쉽게 디자인된 것 같다. 화석을 보면 꼬리에는 아교질 섬유가 있었다.

프시타코사우루스는 1922년에 로이 채프먼 앤드루스가 이끈 중앙아시아 원정 당시 몽골에서 출토되었고, 1923년에 미국 자연사 박물관의 헨리 페어필드 오스본이 종의 이름을 붙였다. 성체 프시타코사우루스의 전장은 1.5m에서 2m 정도 되는데, 체중은 23kg 정도 나갈 뿐이다. 400개 이상의 프시타코사우루스 표본(최소 10종)이 발견되었는데, 15㎝ 길이의 갓 태어난 새끼부터 성체까지 아주 다양하다. 차이점이 아주 미묘한 정도이므로, 모두 성경이 말한 바와 같이 동일한 종류일 가능성이 크다. 프시타코사우루스류는 백악기 초기 지층과 같은 대홍수 후기 시대 지층에서 발견된다.

프시타코사우루스는 뒷다리가 앞다리보다 훨씬 더 길다. 대부분의 고생물학자는 이 공룡이 2족 보행을 했다고 믿는다. 그러나 상단의 다리가 매우 크고 근육이 발달되었던 것으로 미루어 짐작하건대, 이 공룡은 4족 보행을 했을 수도 있다. 대부분의 케라톱스류의 발톱이 5개인 것과는 달리, 희한하게도 이 공룡은 발톱이 4개였다.

프시타코사우루스는 앞니가 없었지만, 가는 용도가 아니라 초목을 자르기 적합하게 설계된 어금니가 있었다. 이 이빨은 마모되면 저절로 날카롭게 갈아졌다. 이런 이빨을 이용해 거친 초목은 물론 견과류도 씹어 먹을 수 있었을 것이다. 프시타코사우루스는 위석을 이용해 초목을 갈아 소화했을 것이다. 하복부 부위에서 50개 이상의 위석이 나온 프시타코사우루스 화석 표본이 꽤 있다.

프시타코사우루스

위석

3. 공룡의 종류

악어

몇몇 고생물학자들은 프시타코사우루스의 유연한 꼬리를 보고 이 공룡이 수중에 살았거나 반(半) 수중 생물이었고, 악어처럼 수영을 할 때 꼬리를 양 측면으로 휘둘렀을 거라고 믿는다. 거친 털이 많은 꼬리에 난 아교질 섬유는 비늘 같은 기관의 역할을 하면서, 물 위로 솟아올라 있도록 설계된 것 같다.

프시타코사우루스의 두개골

막 알을 까고 나온 새끼 프시타코사우루스의 화석이 많이 발굴되었지만, 이 표본 중 다수의 두개골이 5㎝를 넘지 않는다. 중국에서는 32마리의 새끼 화석과 함께 근처에서 성체의 두개골 화석이 발굴되기도 했다. 이것을 두고 진화과학자들은 성체 공룡이 새끼를 돌보는 증거라고 반겼다. 그들은 화산 이류가 흘러와 "어미"와 새끼가 함께 매몰된 것이라고 추정했다. 창조과학자들은 새끼 공룡 화석이 홍수 물에 의한 퇴적물이 급속도로 매몰된 결과라고 설명한다. 막 부화한 공룡들은 둥지를 떠나기도 전에 홍수 물에 휩쓸려 버린 것이 틀림없다.

2005년에 과학자들은 중국에서 발견된 포유류의 위장 부위에서 프시타코사우루스의 유해를 발견했다. 이 포유류는 현생 태즈메이니아산 주머니곰처럼 생겼다고 한다.

스티라코사우루스 : 골침 공룡

스티라코사우루스는 4족 보행을 한 초식 공룡으로, 목 주변에는 주름 장식이 달렸고 뼈로 만들어진 긴 가시(골침)가 나 있었다. 또한 코에 뿔이 있고, 그보다 더 작은 뿔이 눈 위에 나 있었다. 목주름 장식과 뿔은 다른 케라톱스류 공룡과 비슷하지만, 주름 장식에 난 골침은 스티라코사우루스에게만 있는 독특한 특징이다. 이 골침은 공룡의 주름 장식에 있는 에폭시피틀(epoccipital)이라는 작은 뼈마디에서 자라났다. 이 공룡들은 약 5.5m까지 자랐고, 무게는 2.5t에서 3t 정도 나갔다.

스티라코사우루스는 입 끝부분이 새의 부리처럼 생겼다. 이것을 이용해 거친 초목을 움켜잡아 뜯었을 것이다. 그리고 갈기보다는 잘라 내기에 적합한 모양의 이빨이 있었는데, 이 이빨들은 마모되어 빠지면 다시 생겼다. 이빨을 이용해 스티라코사우루스는 야자나 양치식물을 뜯어 먹었을 것이다.

스티라코사우루스

3. 공룡의 종류

"골침 도마뱀"

공룡 사냥꾼 찰스 스턴버그의 아들 중 하나인 찰스 M. 스턴버그는 1913년 현재 캐나다 앨버타주의 공룡 공원 지층에서 최초로 스티라코사우루스의 화석을 발견했다. 고생물학자 로렌스 램(Lawrence M. Lambe)은 같은 해 목주름 장식에서 자라서 튀어나온 골침의 특징 때문에 스티라코사우루스("골침 도마뱀")라고 이름을 붙였다. 이 골침은 스티라코사우루스에게만 있는 독특한 특징인데, 키 큰 초목을 쓰러뜨리거나 포식자를 방어하고 짝짓기에서 유리한 자리를 차지하기 위한 수단으로 사용하는 등 용도가 다양했을 것으로 추정된다. 다른 케라톱스류 공룡들과 마찬가지로, 스티라코사우루스는 코뿔소와 흡사한 튼튼한 몸을 가졌다. 이 공룡은 아마 육중한 몸으로 상대방을 정면으로 들이받고 뿔을 이용해 상처를 입혔을 것이다.

스티라코사우루스의 두개골

공룡 공원 지층

공룡 공원 지층(Dinosaur Park Formation)은 캐나다 앨버타주 캘거리의 공룡 주립공원 내에 있다. 공룡 사냥꾼들은 유네스코 문화유산에 등재된 이 지층에서 안킬로사우루스류, 케라톱스류, 조각류, 티라노사우루스를 포함한 수각류 공룡 등의 다양한 공룡 화석을 발견했다. 물고기, 거북, 악어 등을 포함한 여러 가지 동물의 화석도 이곳에서 발견되었다. 공룡의 뼈를 포함하고 있는 지층에는 종종 "현생" 동물 화석과 식물이 함께 발굴되곤 한다. 이는 이 모든 생물이 죽어서 노아 시대 대홍수 같은 재앙적인 사건에 의해 함께 매몰되었음을 보여 준다고 할 수 있다.

같은 공룡일까?

고생물학자들은 전통적으로 뿔의 숫자가 다른 표본이 발굴될 때마다 케라톱스류 공룡에게 새로운 이름을 붙였다. 하지만 그중 몇몇은 사실상 같은 공룡인데 나이가 다른 것일 가능성이 있다. 예를 들어, 어떤 과학자들은 스티라코사우루스, 센트로사우루스, 모노클로니우스(Monoclonius)가 실은 같은 공룡이지만, 나이대와 성별이 다른 것일 수 있다고 믿는다.

모노클로니우스   센트로사우루스

트리케라톱스 : 3개의 뿔이 달린 공룡

트리케라톱스는 4족 보행을 한 초식 공룡으로, 두개골 크기만 2m에서 2.4m에 달하고, 전체 몸길이는 성체의 경우 7m에서 9m 정도였다. 목에 연결된 척추뼈 중 처음 4개는 육중한 머리를 지탱하는 데 이용되었다. 꼬리는 짧고 폭이 좁았으며, 약간 아래쪽으로 내려가 있었다. 골반은 등뼈와 결합해 있었다. 네 다리는 길이가 거의 같아서 걸을 때 속도를 내고 강력한 힘을 낼 수 있었을 것으로 추정된다. 발자국 흔적으로 짐작하건대, 이 공룡은 시속 6km에서 12km로 걷고 시속 32km로 뛸 수 있었을 것이다.

트리케라톱스

화석 사냥꾼들은 1887년에 최초로 두개골에 붙어 있는 트리케라톱스의 뿔을 찾아서 오스니얼 찰스 마시에게 보냈다. 마시는 처음에는 그것이 아주 커다란 들소의 뿔이라고 생각했다. 하지만 더 많은 뼈가 발굴되면서, 이듬해 마시는 뿔 달린 공룡이 존재했었다는 것을 깨달았다. 그는 다양한 조각 표본에 근거해 케라톱스 속에 대해 기술했다. 1888년, 마시가 이끄는 팀에 의해 또 다른 두개골이 발견되었고, 이후 마시는 이 공룡의 이름을 트리케라톱스로 바꿨다.

목숨을 건 싸움?

트리케라톱스는 종종 티라노사우루스와 처절한 싸움을 벌인 것으로 묘사되곤 한다. 하지만 정말 그런 일이 일어났을까? 2013년, 놀랍게도 연구자들은 트리케라톱스와 티라노사우루스가 목숨을 건 싸움을 했다는 사실을 화석을 통해 알아냈다. 트리케라톱스의 두개골에 티라노사우루스의 이빨 자국이 나 있는 것을 발견한 것이다.

미국의 고생물학자 존 벨 해처는 화석 사냥꾼으로, 1891년에 케라톱스류 공룡인 토로사우루스를 발견하면서 이름을 알렸다. 100여 년이 지난 지금 몇몇 과학자들은 토로사우루스가 트리케라톱스의 성체라고 믿는다.

존 벨 해처

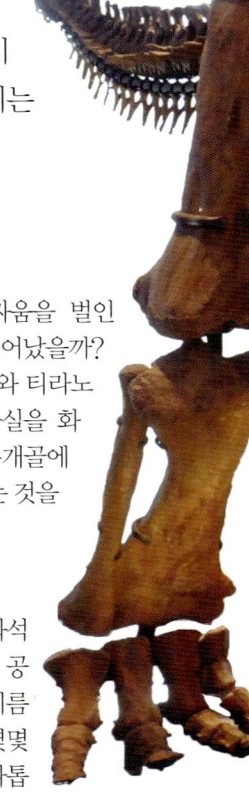

뿔

트리케라톱스는 눈 위에 2개의 커다란 뿔이 나 있고 코끝에 그보다 작은 뿔이 있다. 이 뿔들은 두개골에서 비롯된 영구적인 부분이고 딱딱하기 때문에, 사슴의 가지 진 뿔과는 다르다. 뿔을 덮는 피복은 케라틴으로 되어 있는데, 이것으로 인해 뿔이 날카로워지고 길이도 조금씩 늘어난다.
학자들은 트리케라톱스가 티라노사우루스 같은 포식자의 공격에 저항할 때 이 뿔을 썼다고 생각했다. 그런데 최근 들어 목주름 장식 전면에 난 뿔 자국을 발견한 후, 트리케라톱스와 다른 케라톱스류 공룡들이 목주름 장식을 영역 다툼이나 짝짓기를 할 때 사용했을 거라고 믿는다.

자세

수십 년간 연구자들은 트리케라톱스의 앞다리 자세를 놓고 논쟁을 벌여 왔다. 가장 최근의 트리케라톱스 복원 모델은 도마뱀처럼 앞다리가 측면에서 바깥쪽으로 뻗어나가 있고, 뒷다리는 다른 공룡들처럼 똑바로 서 있다. 이런 논쟁은 콜로라도주에서 앞 뒷다리 4개 모두 직립 자세를 보여 주는 케라톱스류의 발자국이 발견된 후 잦아든 듯하다. 그래서 수많은 박물관이 직립 자세를 취한 표본을 복원해야 했다.

어린 토로사우루스

최근까지 트리케라톱스는 주름 장식 안에 구멍이 없는 몇 안 되는 케라톱스류의 공룡으로 여겨졌다. 그런데 최근에 연구자들은 트리케라톱스가 토로사우루스의 청년 버전일 가능성이 크다고 보고 있다. 그들은 성체 공룡의 주름 장식에서 구멍이 어떤 식으로 발전하는지를 보여 주는 성장 패턴 연구를 내놓았다. 많은 케라톱스류 공룡들은 성장과 성숙을 거치면서 뿔의 각도와 주름 장식에 변화를 겪었다. 이런 변화로 인해 생김새가 다른 공룡이 많고, 여러 다른 종의 이름으로 잘못 붙여진 것이다. 사실상 수많은 공룡 종은 실은 같은 공룡이고, 다만 나이대가 다를 뿐이라는 것, 또는 같은 공룡 종류 안에서 작은 변화가 있었던 것이라고 할 수 있다.

토로사우루스

트리케라톱스

장순 아목 : 갑옷 공룡과 골판 공룡

장순류는 "방패가 달린"이라는 뜻으로, 이 공룡류는 한 줄 이상의 골판이 피부에 박혀 있고, 결합 조직이 등을 따라 나 있다. 모든 장순 아목 공룡의 골반은 "조류의 둔부"같이 생겼으며, 거의 4족 보행만 했다. 과학자들은 장순류를 3개 그룹으로 나눈다. 첫 번째는 "원시" 장순류다. 원시 장순류는 골판이 있는 소수의 공룡으로 구성되어 있다. 그런데 골판을 가졌다는 점을 제외하고는 나머지 두 그룹인 스테고사우루스류와 안킬로사우루스류와의 공통점이 거의 없다. "원시"라고 지정하는 것은 진화론 방식의 언급이다. 원시 장순류 공룡 중 다른 장순류 공룡과 선조/후손 관계를 이루는 것은 지금까지 관찰된 바가 없다.

스테고사우루스류

장순 아목의 두 번째 그룹은 스테고사우루스류("골판 도마뱀"이라는 뜻)다. 이 공룡들은 수직 골판이 등 위에 한 줄 또는 두 줄이 나 있거나 척추뼈가 등을 따라 배열되어 있다. 이 그룹에 속하는 공룡은 스테고사우루스, 켄트로사우루스(*Kentrosaurus*), 투오지앙고사우루스(*Tuojiangosaurus*)가 있다.

스테고사우루스의 골판은 오랫동안 많은 논쟁을 불러일으켰다. 공룡 사냥꾼 오스니얼 찰스 마시는 골판을 머리에서 꼬리까지 한 줄로 배열했지만, 대부분의 고생물학자는 골판이 어느 정도 겹치는 부분이 있으며, 서로 교차하는 방식으로 두 줄로 나 있다고 생각한다. 하지만 화석을 보더라도 연구자들은 어떤 것이 정확한지 알 수 없다. 도움이 될 만한 하나의 단서는 캄보디아의 사원에 새겨진 스테고사우루스와 비슷한 동물의 조각이다. 이 조각의 동물에게는 등에 한 줄로 골판이 나 있다. 이렇게 조각한 사람들은 현대에 와서 공룡이라는 동물이 발견되기 아주 오래전에 살았던 이들이다. 아마도 이들은 조각 속의 동물이 살아 있을 때 그 생김새를 보았던 것 같다.

이 조각은 캄보디아 앙코르 유적지의 타프롬 사원에서 발견되었다. 타프롬 사원은 12세기에서 13세기경에 사원이자 대학 용도로 건설되었다. 이 조각은 분명 스테고사우루스를 묘사한 것인데, 오늘날 우리가 관찰할 수 있는 여러 동물의 조각 중 하나로 새겨져 있다. 이런 조각을 해넣은 예술가들은 그들 생전에 실제로 공룡을 보았을 가능성이 크다. 이후 이런 식으로 예술 작품에 표현해 넣은 것이다.

스테고사우루스

3. 공룡의 종류

켄트로사우루스와 투오지앙고사우루스는 등에 골판보다는 골침이 더 많이 튀어나와 있어서 스테고사우루스와는 모습이 다르다. 이런 차이점은 창조된 종류 안에서 일어난 변화일 것으로 여겨진다. 이 공룡들도 스테고사우루스류 특유의 부채 모양 몸체를 가졌고, 뒷다리가 앞다리보다 2배 정도 길어서, 몸체의 뒷부분이 올라가고 머리가 있는 전면은 꼬리보다 더 내려가는 자체를 취하게 된다.

켄트로사우루스

투오지앙고사우루스

안킬로사우루스류

장순 아목의 세 번째 그룹은 안킬로사우루스류 혹은 "융합 도마뱀"이다. 이 공룡은 머리가 작고, 이빨은 스테고사우루스처럼 나뭇잎 모양의 연결되지 않은 형태로 나 있었다. 하지만 안킬로사우루스는 몸체 위쪽과 등판 전부가 거북처럼 골판으로 덮여 있다는 점에서는 스테고사우루스와 다르다. 과학자들은 이 공룡류를 다시 노도사우루스 과와 안킬로사우루스 과의 2개 과로 더 분류한다.

안킬로사우루스

노도사우루스(*Nodosaurus*)는 두개골에 골판 같은 것이 없다는 점에서 안킬로사우루스와 다르다. 그리고 이들은 꼬리에 곤봉도 없다. 이 공룡들도 4족 보행을 했고, 전장은 5-6m 정도였다.

노도사우루스

살타사우루스

살타사우루스(*Saltasaurus*)는 분류의 혼란을 보여 주는 공룡이다. 이 공룡의 등에는 골판이 몇 개 줄로 나 있어서 장순 아목의 정의에 들어맞는다. 하지만 그 점만 빼고는 목과 꼬리가 길어서 용각류의 정의에 들어맞는다. 이런 점 때문에 그룹 정의도 재정비해야 한다.

살타사우루스

스테고사우루스와 안킬로사우루스

스테고사우루스는 초식 동물로 7m에서 9m까지 자라며, 체중은 1-2t 정도가 나갔다. 두개골은 가늘고 길며, 24개 정도의 나뭇잎 모양 어금니가 있다. 그리고 앞니는 없는 대신 부리가 있다. 뒷다리가 앞다리보다 2배가량 길어서 몸체가 경사진 부채 모양이다. 측면에서 보면 등을 따라 수직으로 튀어나온 골판 때문에 훨씬 더 커 보이는데, 이는 포식자를 저지하는 데 도움이 되었을 것이다. 꼬리 끝에 60㎝ 길이의 골침이 4개 달려 있는데, 이는 방어용으로 쓰였던 것이 분명하다.

스테고사우루스와 마찬가지로 안킬로사우루스도 장순 아목("방패지기"라는 뜻)으로 분류된다. 하지만 스테고사우루스와는 달리, 이 공룡의 등은 딱딱한 골판으로 덮여 있고, 꼬리에는 망치 같은 곤봉이 달려 있어서 일종의 갑주로 무장한 거북처럼 보인다. 키는 크지 않아 약 1.8m 정도이고, 전장은 스테고사우루스와 마찬가지로 7m 정도지만, 체중은 3t에서 6t으로 스테고사우루스보다 무겁다. 융합된 여러 줄의 골판 갑주가 등 전체를 둘러싸고 있으며, 거친 바깥 피부로 더욱 강화되었다. 머리도 뼈로 덮여 있고, 두개골 뒤편에는 바깥쪽을 가리키는 뿔이 있다. 초식 동물인 안킬로사우루스는 작은 나뭇잎 모양의 이빨이 나 있다. 초목을 씹으면서 마모되고 부서진 이빨의 흔적을 화석을 통해 확인할 수 있다.

스테고사우루스의 뇌는 달걀보다 약간 더 크고, 무게는 75g에서 80g 정도였다고 한다.

두 번째 뇌?

수년간 과학자들은 이 공룡류의 둔부 뒤편 안에 있는 확장된 공간이 빈약한 뇌 수용력을 보충하는 두 번째 뇌 역할을 했다고 주장했다. 그러나 현재는 이 공간이 타조 같은 몇몇 현생 조류처럼 지방과 당을 저장하는 곳이라고 여겨진다.

과학자들은 스테고사우루스의 골판 용도에 대해 여전히 논쟁을 벌이고 있다. 이 골판 속에는 구멍과 혈관이 많다. 이 점에서 과학자들은 이 골판이 라디에이터처럼, 피가 순환해 필요할 때 공룡의 몸을 덥히거나 차갑게 식히는 온도 조절기 역할을 했다고 주장한다. 포식자가 물어뜯으면 혈관이 많아 출혈이 심했을 것이므로, 골판을 방어 목적으로 사용하지는 않았을 것으로 추정된다.

스테고사우루스의 골판

3. 공룡의 종류

철갑을 두른 탱크

일종의 파충류 탱크인 안킬로사우루스는 방어를 위해 속도는 포기할 수밖에 없었다. 4족 보행을 해서 문제가 생겨도 빨리 뛰지 못했으며, 공격을 받으면 쪼그리고 앉아서 꼬리의 곤봉을 이용해 반격했을 것이다. 이 곤봉은 아주 무겁고, 티라노사우루스의 다리도 부서뜨릴 수 있을 만큼 강력했다. 고생물학자들은 곤봉의 가장자리에서 이가 빠지고 부서진 흔적을 발견했는데, 이것을 방어 기능의 증거라고 생각하고 있다.

> 안킬로사우루스의 골판은 골격에 붙어 있는 게 아니라 피부 안에서 자라났다. 그래서 이 골판은 골편(뼈 비늘)이라고 불린다.

> 안킬로사우루스의 곤봉은 끝단의 마지막 꼬리뼈 7개와 골판 몇 개가 합쳐져 만들어졌다. 꼬리가 유연하지는 않지만, 어느 방향으로든 45도까지는 휘두를 수 있었을 것이다.

안킬로사우루스

안킬로사우루스 화석은 상어나 물고기 같은 해양 생물과 함께 발견되었고, 가끔은 위아래가 완전히 뒤집힌 것이 발견되기도 했다. 진화과학자들은 이렇게 육상 생물과 해양 생물이 섞여 있는 화석을 설명하는 데 어려움을 겪는다. 그러나 창조과학자들은 이것이 전 지구적 대홍수의 결과라고 손쉽게 설명한다. 홍수로 인한 쓰나미 같은 파도에 의해 해양 생물들이 휩쓸려 육지에까지 밀려왔고, 다른 육상 생물과 함께 섞인 채 매몰되어 무거운 등쪽을 아래로 향한 채 화석이 된 것으로 추정한다.

노도사우루스

"방패지기" 장순 아목 노도사우루스는 등에 갑주가 덮여 있다는 점에서 안킬로사우루스와 비슷하다. 하지만 꼬리에 곤봉이 없고, 두개골 갑주도 없다. 아마 성경이 말하는 공룡 종류에서 분기된 것 같다.

에우오플로케팔루스

에우오플로케팔루스(*Euoplocephalus*)는 안킬로사우루스보다 전장이 약간 짧고, 등에 같은 종류의 골판이 있으며, 꼬리에는 곤봉이 달려 있다. 아마도 성경에서 말한 것과 같이 안킬로사우루스와 같은 종류의 동물일 것이다.

스테고사우루스

안킬로사우루스

조각 아목 : 오리 주둥이 공룡들

조각 아목(Ornithopoda, "새의 발"이라는 뜻)에 속하는 공룡은 새 발자국과 비슷한 커다란 뒷발 자국을 남겨 "새의 발"이라는 이름을 얻었다. 골반도 새의 골반과 비슷하다. 많은 조각류 공룡이 앞다리가 작고 발이 못처럼 생겼지만, 그럼에도 4족 보행을 했다. 턱의 앞쪽 끝이 어금니보다 약간 낮게 위치해 "오리 주둥이" 같은 모습을 띤다.

조각류 중 3개 과(헤테로돈토사우루스류, 힙실로포돈류, 드리오사우루스류)의 공룡들은 대개 체구가 작고(전장 3m 이하), 2족 보행을 했으며, 빨리 달릴 수 있었던 것 같다. 가장 유명한 조각류 공룡은 이구아노돈 과와 하드로사우루스 과로, 전장이 6m에서 9m나 그 이상인 경우가 대부분이다. 이들 공룡의 화석은 주로 백악기 암석층에서 발견된다. 이 2개 과는 앞니보다는 경화된 부리 혹은 주둥이가 있다. 척추를 따라 난 특별한 봉 모양의 힘줄이 등과 꼬리를 딱딱하게 세우는 데 도움을 주었을 것이다.

마이아사우라(*Maiasaura*)는 "착한 어미 도마뱀"이라는 뜻으로, 새끼를 정성껏 돌본다고 인식되어 붙은 이름이다. 이 공룡의 새끼는 알에서 부화했을 때 바로 둥지를 떠날 수 있을 만큼 완전히 발달하지 못했다. 깨진 알껍데기 조각은 새끼들이 부화한 후 알껍데기를 밟고 둥지에 남아 있었음을 암시한다.

하드로사우루스는 이빨이 많았다. 사용하는 이빨 자리 아래에 최소 3개의 대체 이빨이 있었다.

2008년에 미국창조과학연구소(ICR)는 하드로사우루스 류인 에드몬토사우루스 "에디"(Eddie)의 화석을 입수했다. 에디는 전장 3m, 키는 1.7m 정도이며, 살아 있을 때 체중은 187kg 정도 나갔을 것으로 추정되었다. 안타깝게도 에디는 방주에 타지 못했고, 아마 네 살 쯤 되었을 때 홍수에 휩쓸려 진흙더미에 매몰된 뒤 질식한 것 같다. 약 4,500년이 흐른 뒤인 1990년에 화석이 된 에디의 유해가 몬태나주 지층에서 발견되었다. 에디는 현재 텍사스주 댈러스의 미국창조과학연구소(ICR)에 전시되어 있다.

에드몬토사우루스

3. 공룡의 종류

하드로사우루스 과는 다시 람베오사우루스 아과와 하드로사우루스 아과로 나뉜다. 하드로사우루스 아과는 납작한 "로마인" 코를 가진 반면, 람베오사우루스 아과는 파라사우롤로푸스(*Parasaurolophus*)처럼 머리 위에 볏과 관이 달려 있었다. 이 관은 트롬본 같은 소리를 냈는데, 아마도 위험을 경고하거나 고통스러울 때, 혹은 그룹을 알아보거나 짝짓기를 할 때 소리를 냈을 것으로 추정된다.

헤테로돈토사우루스 과("다른 이빨을 가진 도마뱀"이라는 뜻)는 어금니 및 개와 비슷한 송곳니가 있었다. 고생물학자들은 이 송곳니가 무엇에 쓰였는지를 논쟁해 왔다. 보여 주기 위한 과시용이며, 오직 수컷에게만 있었다고 말하는 학자가 있지만, 이를 증명할 자료는 거의 없다. 다른 학자들은 이 공룡류가 초식으로 알려졌지만 고기도 먹었을 거라고 생각한다. 다른 대부분의 공룡과는 달리, 헤테로돈토사우루스(*Heterodontosaurus*)는 원래의 이빨을 평생 지니고 살았을 것으로 추정된다. 머리뼈 CT 촬영 결과, 턱에서 새로운 이빨이 만들어진 흔적이 없었기 때문이다.

파라사우롤로푸스

헤테로돈토사우루스

과학자들은 몬태나주 한곳에서 무려 1만 점 이상의 하드로사우루스 화석을 발견했다.

마이아사우라

파라사우롤로푸스와 이구아노돈

파라사우롤로푸스("유사 관 도마뱀"이라는 뜻)는 람베오사우루스 아과에 속하며, 전장 12m, 체중은 2t 정도 나갔다. 뒷다리가 앞다리보다 훨씬 강했으므로, 아마 네 발로 걷고 두 발로 뛰어다녔을 수 있다. 앞니가 없고, 넓고 납작하며 이빨이 없는 부리를 가진 점이 오리를 닮았다. 하지만 수백 개의 어금니가 있어서 거친 식물을 갈고 부술 수 있었을 것이다. 미라가 되어 발견된 표본 위장에는 침엽수 잎, 나뭇가지, 잔가지, 씨앗, 과일, 기타 거친 식물 등이 있었다.

이구아노돈("이구아나 이빨"이라는 뜻)은 가장 초기에 이름이 지어진 공룡 중 하나다. 이구아노돈은 초식 공룡으로, 전장 약 9m, 체중은 3t 정도 나갔고, 앞발 엄지발톱에 10㎝에서 15㎝ 길이의 침이 달려 있었다. 4족 보행을 했지만 뒷다리만으로도 걸을 수 있었을 것으로 추정된다. 균형을 잡는 데 꼬리를 사용해서 머리를 등보다 낮게 두었을 것이다. 이 거대 파충류에 대한 인식은 처음 발견된 이후 많은 변화를 겪었다.

볏

파라사우롤로푸스의 머리에 달린 '콧소리를 내는 볏'은 이 공룡의 상징과 같은데, 과학자들이 이 볏을 두고 숱한 논쟁을 벌였다. 숨 쉬기 위한 관이었을까 혹은 무기였을까? 결국은 이것이 일종의 소리를 내는 뿔로, 멀리까지 메아리치며 깊게 울려 퍼지는 소리를 내 소통하는 용도로 사용되었다는 것을 알게 되었다. 어린 파라사우롤로푸스의 머리에는 작은 혹이 있는데, 이것이 자라서 뿔피리 같은 볏이 되었다.

람베오사우루스

몇몇 고생물학자들은 "볏 달린 도마뱀"을 람베오사우루스 아과로 분류한다. 이 공룡들은 비강에 연결되어 널리 퍼지는 소리를 낼 수 있는 관과 볏이 달려 있었다. 다양한 금관 악기가 각기 다른 소리를 내듯, 다양한 볏의 형태에 따라 각기 다른 공룡 과(科)의 공룡들은 서로 다른 소리를 냈을 것으로 추정된다.

과학자들이 파라사우롤로푸스의 두개골을 이용해 뿔 소리와 비슷한, 공룡이 내는 소리를 재생해 냈다. 온라인에서 한번 들어 보라!

파라사우롤로푸스가 최소한 부분적으로 물갈퀴 발을 가졌을 거라는 증거가 있다. 따라서 이 공룡은 늪지에 살았을 가능성이 있다. 일반적으로 같은 종류의 공룡 표본과 함께 발견되므로, 아마도 이 공룡은 대단위로 무리를 지어 늪지를 돌아다녔을 것으로 추정된다.

파라사우롤로푸스

3. 공룡의 종류

이름 속에 들어 있는 것은 무엇일까?

1822년에 최초의 이구아노돈 화석 조각이 영국에서 발견되었을 때, 과학자들은 처음에 이것이 코뿔소의 뼈라고 생각했다. 하지만 최초의 발견자 기디언 맨텔은 결국 이것이 파충류라는 것을 깨달았다. 그는 화석을 현생 이구아나의 뼈와 비교해 보았는데, 크기가 훨씬 크다는 점을 제외하고는 놀랍도록 흡사했다. 맨텔은 그 화석이 멸종한 파충류의 것이라고 이론화했고, 이름을 이구아노돈이라고 지었다. 그리고 1825년에 그가 내린 결론을 발표했다.

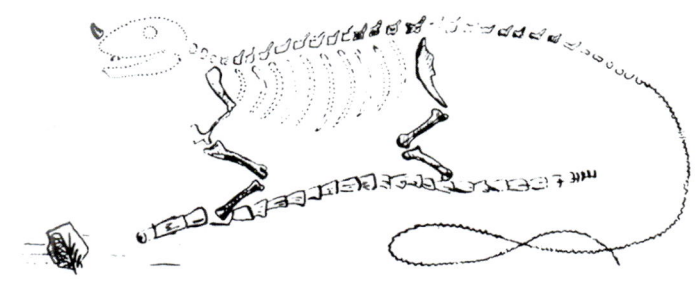
기디언 맨텔이 부정확하게 그린 이구아노돈의 그림(1825년)

이구아노돈

이구아노돈은 초기에 발견되어 이후 발견된 수많은 공룡이 이구아노돈 그룹으로 분류되었다. 하지만 이후의 연구는 이렇게 분류된 공룡 중 많은 것이 이구아노돈 그룹에 속하지 않는다는 점을 보여 주었다. 과학자들은 여전히 어떤 공룡이 이구아노돈 그룹에 속하고 어떤 것은 속하지 않는지 밝혀내려고 노력 중이다.

이구아노돈

파라사우롤로푸스

침

이구아노돈의 특징 중 하나는 엄지발톱에 박힌 침이다. 처음에는 이 침이 코뿔소의 뿔처럼 코에 달려 있다고 여겼다(맨텔이 그린 그림을 참고하라). 1878년에 좀 더 완전한 표본이 발견되었는데, 침이 코가 아닌 발톱에 달려 있는 것으로 드러났다. 과학자들은 여전히 이 침의 용도를 확신하지 못하고 있다. 포식자에 저항하는 방어 수단으로 쓰였을 수도 있고, 먹을 것을 찾는 데 사용되었을 수도 있다.

공룡에 관한 진실

공룡은 뼈가 처음 발굴된 이래 수많은 사람을 매혹했다. 그런데 공룡에 관한 진짜 이야기는 무엇일까? 정말 공룡은 수천만 년 전에 진화해서 인류가 출현하기 오래전에 멸종한 것일까? 아니면 성경이 말하듯 인간과 같은 시기에 창조되어 근래에 사라져 버린 것일까? 이 책이 보여 준 바와 같이 공룡에 대한 증거는 성경이 말하는 바에 가장 잘 들어맞는다.

공룡은 어떻게 생겨난 것일까?

하나님이 공룡을 창조하신 것이 틀림없다. 변할 수 없는 본질적인 부분을 공룡이 가지고 있으므로, 그들이 진화로 생겨난 것이 아니라는 사실을 우리는 안다. 공룡이 진화해서 어떤 특정 동물이 되었거나, 반대로 어떤 특정 동물에서 진화했다면, 그 중간 형태의 특징으로 인해 본질적인 부분이 다시 만들어졌을 것이고, 따라서 중간 형태의 생물은 죽게 되었을 것이다. 하지만 각 공룡의 종류가 완전한 형태로 화석에 남은 것을 보면, 진화가 있었다는 증거가 존재하지 않는다고 볼 수 있다.

> "이는 엿새 동안에 나 여호와가 하늘과 땅과 바다와 그 가운데 모든 것을 만들고 일곱째 날에 쉬었음이라 그러므로 나 여호와가 안식일을 복되게 하여 그날을 거룩하게 하였느니라"(출 20:11).

노아 홍수로 인해 만들어진 공룡 화석

공룡 화석은 아주 오래전에 있었던 강이나 물줄기가 어떻게 공룡을 덮친 후 매몰해 버렸는지를 설명하려고 애쓰는 세속 과학자들을 혼란스럽게 만든다. 과거에 그런 일이 실제로 일어났다면, 왜 오늘날은 강이 범람해서 어마어마한 양의 화석을 만들어 내지 않는 것일까? 이와 대조적으로, 성경은 창조 후 약 1,600년이 지난 다음 전 지구적인 홍수가 1년 동안 이어졌다고 기술한다. 전 지구적인 홍수의 어마어마한 힘이 각 대륙에 존재했던 공룡과 다른 동물들을 화석으로 만드는 데 필요한 조건을 만들어 낸 것이다.

노아의 방주와 공룡의 생존

창세기 7장 22절은 대홍수가 난 동안 "육지에 있어 그 코에 생명의 기운의 숨이 있는 것은 다 죽었더라"라고 말한다. 화석을 보면 공룡에게 코가 있었다는 것을 알 수 있다. 따라서 공룡은 각 종류당 방주에 탄 2마리씩을 제외하고 모두 홍수 때 죽었다. 60종류의 공룡이 있었으므로, 총 120마리 정도(아마도 어린 공룡들이었을 것이다)가 방주의 3개 층에서 작은 공간을 차지하고 있었을 것이다.

공룡의 멸종

공룡들은 대홍수 이후에도 살았다. 빙하기 중에도 당시에는 수풀이 우거진 열대 기후였을 중동 지방에서 번성했을 것이다. 창세기에 기록된 빈번한 가뭄은 열대 기후의 서식지가 사라져 갈 것임을 알리는 신호였다. 이런 홍수 이후의 기후 및 대기의 변화, 그리고 공룡 사냥(모든 문화에 공룡 사냥꾼에 관한 전설이 있다)으로 인해 결국 공룡은 멸종한 것이다.

3. 공룡의 종류

연부조직

공룡의 뼈는 수천만 년이 지난 것이어야 하지 않은가? 하지만 그중에는 단백질과 DNA는 물론 혈관과 같은 연부조직을 품고 있는 것이 있다. 실험 결과, 이런 종류의 분자들은 수명이 수천 년 정도이므로, 백만 년이 지나기 전에 모두 사라져 버릴 것이다. 성경에 따르면, 대홍수는 약 4,500년 전에 일어났다. 따라서 공룡의 연부조직은 창세기에 기록된 대홍수의 시간 틀에 들어맞는다.

성경 속의 공룡

성경에 공룡이 나오는가? 욥은 홍수 이후 약 350년이 흐른 시점에 중동 지방에 살았다. 하나님은 욥에게 베헤못이라 불리는 짐승을 "볼지어다"(욥 40:15)라고 말씀하셨다. 이것이 공룡이었을까? 이 동물은 "하나님이 만드신 것 중에 으뜸"이라고 하는데, 이것은 하나님이 만드신 것 중 가장 큰 동물이라는 사실을 의미한다. 화석 증거에 따르면, 가장 커다란 육상 동물은 용각류 공룡이었다. 베헤못은 아주 거대해서, 성경은 "강물이 소용돌이칠지라도 그것이 놀라지 않고", "꼬리 치는 것은 백향목이 흔들리는 것" 같다고 말한다. 분명히 나무 크기의 꼬리가 달린 공룡이 있었을 것이다.

공룡이 우리에게 의미하는 바는 무엇인가?

공룡 화석이 우리에게 주는 가장 확실한 가르침은 다음과 같다. 하나님은 인간의 죄를 매우 심각하게 생각하시어, 전 지구를 파괴할 홍수를 보내셨고, 방주에 탄 이들을 제외하고 모든 육상 동물과 인간을 쓸어 버리셨다. 주님은 이후 미래의 심판을 약속하신다. 공룡이 홍수에서 살아남지 못했듯 인간도 자신을 구원할 기회는 없을 것이다. 하지만 기쁜 소식이 있다. 하나님이 그분의 아들을 구세주로 보내신 것이다. 예수님이 우리의 죗값을 치르기 위해 죽으셨고, 그런 예수님을 하나님께서 부활시키셨다는 사실을 믿을 때, 주님은 다가올 심판에서 우리를 구원하시고 그분과 함께하는 영원한 삶을 주신다. 노아의 가족이 방주를 만들어 목숨을 구했듯, 우리 모두 삶을 구원하는 창조주이신 예수님 안에 거해야 할 것이다.

> "내가 받은 것을 먼저 너희에게 전하였노니 이는 성경대로 그리스도께서 우리 죄를 위하여 죽으시고 장사 지낸 바 되셨다가 성경대로 사흘 만에 다시 살아나사" (고전 15:3-4).

찾아보기

ㄱ
갈리미무스 73
거대증 16
고비 사막 32, 49
공룡알 18, 32, 49, 72, 83
공룡 공원 지층 101
국립공룡유적지 채석장 43
그랜드 캐니언 21
그리핀 95
글렌 로즈 20, 30
기가노토사우루스 69
기디언 맨텔 39, 111
깃털 31, 60

ㄴ
나르메르 팔레트 25
나바호 사암 21
노도사우루스 105, 107

ㄷ
데이노니쿠스 68, 74
동일과정설 11, 16, 52
드라코렉스 호그와트시아 37, 97
디메트로돈 13
디플로도쿠스 13, 42, 80-82, 86-87
딜로포사우루스 68, 78-79

ㄹ
로버트 플롯 38
로이 채프먼 앤드루스 49, 72, 94, 98
리워야단 78
리처드 오언 12-13, 39
린네의 분류 체계 36

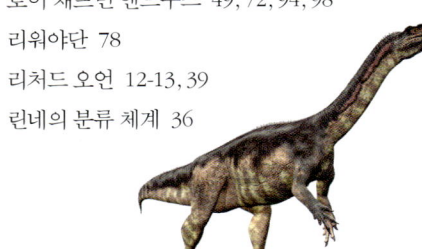

ㅁ
마르코 폴로 24
마멘키사우루스 87
마이아사우라 108-109
메갈로사우루스 26, 38, 68, 79
멸종 16, 26, 112
모낭 60
모노클로니우스 101
모리슨 층 43, 48, 82, 86
모사사우루스 13-14, 53
몰드 34-35
몽골 49, 59, 72-74, 94-95, 98
미국 자연사 박물관 42-43, 49, 72, 94, 98

ㅂ
바넘 브라운 42, 97
바벨탑 17, 23-24, 27
발자국 11-12, 20, 27, 30, 35, 39, 58-59, 102-103
방사성 동위원소 연대측정법 50, 62
방사성 탄소 연대측정법 51
방주 10, 16, 18-20, 22-23, 26-27, 108, 112-113
베르너 야넨쉬 48, 84
베헤못 14-15, 17, 113
벨로키랍토르 59, 68, 74-75, 89, 94-95
보존 34
분변 화석 11, 14, 17, 35, 54
브라키오사우루스 14, 48, 80, 84-85, 87
브론토사우루스 41, 66, 90-91
빌헬름 폰 브랑카 48
빙하기 17, 22-23, 27, 112
빠진 고리 31, 57
뼈 전쟁 40-41, 66, 82, 90

ㅅ
사우롤로푸스 58
사층리 21
살아 있는 화석 57, 63

살타사우루스 80, 105
생흔 화석 34-35
서식지 22, 27, 112
석화 34
세이스모사우루스 87
센트로사우루스 92, 101
소행성 26
수각류 13, 19, 27, 38, 40, 49, 58-61, 68, 72, 74, 76, 89, 96, 101
스테고사우루스 12, 25, 40, 43, 58-59, 90, 93, 104-107
스테고케라스 92, 96
스트루티오미무스 68, 73
스티라코사우루스 92, 100-101
스피노사우루스 58, 68-69
시노사우롭테릭스 46, 60
시조새 31
실러캔스 57, 63

ㅇ
아르카이오랍토르 61
아르젠티노사우루스 80
아서 레이크스 43
아이다 31
아파토사우루스 40, 42-43, 59, 66, 80, 90-91
안킬로사우루스 58-59, 105-107
알렉산더 대왕 24
알로사우루스 13, 58, 68-69, 76-77
알프레드 베게너 85
앤드루 카네기 86
에드몬토사우루스 42-43, 108
에드바르트 헤니그 48
에드워드 드링커 코프 40, 42-43, 66, 82, 90
에버하르트 프라스 48
에우오플로케팔루스 107
엘라스모사우루스 40-41
엘머 릭스 48, 84, 90
연부조직 34, 52-53, 113
오비랍토르 49, 72, 94

오스니얼 찰스 마시 40, 42-43, 66, 73, 76, 82, 86, 89-90, 102, 104
용 23-25, 27, 38, 95
용각류 10, 13, 15, 17, 20, 24-25, 31, 34, 40-41, 58, 63, 67, 69, 80-82, 84, 86-87, 89, 91, 105, 113
위석 35, 68, 72, 87-88, 98
윌리엄 버클랜드 38-39
육지 다리 23, 27
이구아노돈 39, 110-111
익룡 13-14, 43, 75, 79, 90
익티오사우루스 13

ㅈ

조각류 35, 40, 67, 92, 96, 101, 108
조르주 퀴비에 38
조바리아 85
조지프 라이디 39, 41, 76
조지 피바디 40
존 벨 해처 41, 102
종류 10, 18, 22, 36, 52-53, 56, 60, 63, 67, 73, 84, 87, 89, 92, 98, 103, 105, 107, 110, 112-113
종의 기원 30, 52
중국의 12간지 25

ㅊ

찰스 다윈 30, 52
찰스 스턴버그 42-43, 101
초대륙 16-17, 48

ㅋ

카마라사우루스 41-42, 80-83, 90-91
카엔타 층 79
카치나고 24

칼 폰 린네 36-37
캐스트 34-35
케라틴 53, 73, 103
켄트로사우루스 104-105
코엘로피시스 58, 68
콜라겐 52-53, 78
콤프소그나투스 15, 18
클리블랜드-로이드 공룡 채석장 76

ㅌ

타프롬 사원 25, 104
탄소-14 51
탄화 34-35
테리지노사우루스 73
토로사우루스 66, 93, 102-103
투오지앙고사우루스 104-105
트로오돈 96
트리케라톱스 12, 15, 40-42, 66, 92-93, 96, 102-103
티라노사우루스 렉스 10, 19, 29, 34, 36, 42, 53, 58, 68-71, 76-77, 89-90, 101-103, 107

ㅍ

파라사우롤로푸스 109-111
파키케팔로사우루스 92-93, 96-67
판게아 85
판구조론 85
팔룩시강 20, 30
포식자 29, 58, 70, 89, 93, 97, 101, 103, 106, 111
프로토케라톱스 49, 59, 72, 93-96
프시타코사우루스 92-93, 98-99
프테로닥틸루스 13, 43
플라테오사우루스 80, 88-89
플레시오사우루스 13-14
플루로실 80, 82

ㅎ

하드로사우루스 17, 39, 41, 51, 53, 59-60, 70, 108-109
해리 실리 12
헤르만 폰 마이어 88-89
헤테로돈토사우루스 109
헨리 벡 43
헨리 페어필드 오스본 42, 49, 72-73, 98
헬 크리크 층 37, 44-45, 48, 51, 96-97
화산 17, 22, 27, 50, 99
화석 무덤 26-27

기고자 소개

브라이언 토마스 (Brian Thomas)

스티븐 F. 오스틴주립대학교에서 생물학 학사 학위(1993), 생물공학 석사 학위(1999)를 받았고, 리버풀대학교에서 고생화학 박사 학위(2019)를 받았다. 고등학교에서 생물학을 가르쳤고, 대학에서 생물학, 화학 및 해부학을 가르쳤다. ICR의 과학 저술가로 활동하고 있으며, 저서로는 『Dinosaurs and the Bible』, 『창조과학백과 **공룡**』 등이 있고, 'Dinosaurs and Man: Five Clues to Dinosaur Origins'라는 DVD에 공룡에 대한 주요 내용을 제공했다.

팀 클레리 (Tim Clarey)

웨스턴미시간대학교에서 지질학 학사 학위(1982)를, 와이오밍대학교에서 지질학 석사 학위(1984)를 받았다. 또한 웨스턴미시간대학교에서 수리지질학 석사 학위(1993), 지질학 박사 학위(1996)를 받았다. 셰브런 USA, Inc.에서 탐사 지질학자로 일했으며, ICR에서 활동하기 전 17년간 대학에서 교수 및 지구과학 학과장을 지냈다. 공룡과 로키산맥의 지질학에 관한 연구 평가 논문을 썼으며, 3권의 대학 실험실 교재를 저술한 바 있다.

수잔 윌슨 (Susan Wilson)

ICR의 그래픽 디자이너로, 이 책에 수록된 많은 공룡 삽화를 기고했다.

제이미 듀란트 (Jayme Durant)

ICR의 대외 홍보 책임자이자 편집장으로, 'Guide to' 시리즈를 기획하고 개발했다.

미국창조과학연구소(ICR) 소개

1970년에 헨리 모리스 박사가 설립한 미국창조과학연구소(ICR, Institute for Creation Research)는 기원과 지구의 역사에 관한 과학적 연구를 수행해 왔다. 또한, 다양한 훈련 프로그램, 학술대회, 미디어 발표, 출판 등을 통해 교육 사역에 전념해 왔다. ICR은 다음의 세 가지 목적으로 설립되었다.

연구 : ICR은 실험실 연구, 현장 연구, 이론적 연구, 자료 연구 등을 통하여 기원과 지구의 역사에 관한 과학적 연구를 수행해 왔다. ICR 과학자들은 지질학, 유전학 등 다양한 분야에서 RATE 프로젝트(Radioisotopes and the Age of the Earth), FAST 프로젝트(Flood-Activated Sedimentation and Tectonics), 인간 유전체 연구와 같은 연구 프로젝트를 수행해 왔다.

교육 : ICR은 창조과학과 성경적 권위를 바탕으로 현실 세계를 변증학적으로 볼 수 있도록 세미나와 다양한 훈련 과정을 통해 사람들을 교육하는 프로그램을 진행해 왔다. 또한, 학위를 수여하지 않는 1년 과정으로 창조론 세계관 학교도 운영해 왔다.

소통 : ICR은 연구 결과와 관련된 정보를 제공하기 위해 책, 비디오, 정기 간행물 등을 출간해 왔다. ICR의 주요 간행물인 『Acts & Facts』는 25만 명의 독자에게 무료로 배포되는 잡지로 컬러로 인쇄된다. 웹 사이트(www.icr.org)에서는 가장 적절한 창조과학 내용을 주기적으로 갱신하여 제공하고 있다.

헨리 모리스

사진 제공

**t-top; m-middle; b-bottom;
c-center; l-left; r-right**

Ballista (Wikipedia): 111br

Bigstock: 8-10, 12bl,br, 13tl,tr,ml,mr,br, 14b, 15, 16b, 17-18, 19tl,tr,b, 21ml, 22t, 23, 24ml, 26br, 27-28, 29b, 30r, 31l, 34tl, 35tl,tr, 36-37m, 38tr, 39bl, 41tr,mb, 48b, 49br, 51b, 52bl,br, 54, 55tr,bl,br, 56tl,tm,tr,ml,b, 57-58, 59tl,ml,bl, 60bl, 62, 63tr, 64-65, 66br, 67b, 68t,m, 69b, 70, 71tr,m, 72b, 73b, 74tl,br, 76bl, 77tr,mr,bm,br, 78, 79tr,m,mr,br, 80tl,r,bl, 81m, 82m,br, 83bl,br, 84tr, 85ml,mr,br, 86r, 87l,tr,ml,b, 88r, 89bl,bl,br, 90b, 91tr,mr,b, 93-94, 95ml,b, 97br, 98r, 99tl,br, 101tr,br, 102tl, 103mr,b, 104r, 105t,m, 106r, 107mr,mb,br, 108-109b, 110t, 111bl, 112t, 113

Allie Caulfield (Wikipedia): 102r-103l

The Children's Museum of Indianapolis (Wikipedia): 37br, 97tr, 100

Tim Clarey: 30l, 35b, 76-77m, 77tl, 81tl,tr, 82bl, 87tl, 90tr

Dinosaur National Monument: 26tl,bl, 43tr,tm, 112b

Fotolia: 11t, 21c, 22b, 32-33, 48tr, 55tl, 59tr, 69m, 74tm,tr,bl, 83t, 92, 96br, 107t, 111ml

Jens L. Franzen, Philip D. Gingerich, Jörg Habersetzer1, Jørn H. Hurum, Wighart von Koenigswald, B. Holly Smith (Wikipedia): 31tr

FunkMonk (Wikipedia): 88tl, 89tr,mr, 96tl

Ghedoghedo (Wikipedia): 90tl

Jakub Halun (Wikipedia): 25tr

Claire Houck (Wikipedia): 101tl

ICR: 16t, 19m, 22m, 43tl, 46-47, 50tr, 51tr,m, 67tr, 108l

iStock: 13bl, 16m, 25br, 34bl,br, 39c, 41bl, 42bl, 49mr, 51tl, 53bl, 56mc, 61tr, 81b, 84br, 97bl, 104l

Eva K. (Wikipedia): 63ml

Lentus (Wikipedia): 41mr

John Morris: 20bl, 21t,b, 71b

Vance Nelson: 44mr,ml,bc,br,rbm

Pacific Northwest National Laboratory: 50bl

Jordi Paya (Wikipedia): 95tr

PLoS: 52-53t

Public Domain: 12t,ml, 13ml, 24tr, 25ml, 36tr, 38tl,br, 39ml,tr,br, 40, 42tr, 43br,bl, 48ml, 49tr, 60br, 66tl,tr, 82t, 83m, 84l, 85tl,tr, 88bl, 96bl, 99tr, 101bl, 102bl, 106bl, 111tr

Daryl Robbins: 24br, 45tr

ScottRobertAnselmo (Wikipedia): 86l

Smokeybjb (Wikipedia): 75b

TadekKurpaski (Wikipedia): 91tl

Yuya Tamai (Wikipedia): 59br

Brian Thomas: 14t, 20tr, 29t,tr, 44tr,tl, 45tl,b, 63br

Eduard Sola Vazquez (Wikipedia): 75m, 79bl

Wilson44691 (Wikipedia): 98bl

Susan Windsor: 11b, 20br, 31br, 38bl, 39tl, 49bl, 60t, 61bl,m,br, 68b, 69t, 72t, 73t,m, 80br, 87mr, 105tr,ml,b, 107ml, 109tl,tr, 110b, 111tl

창조과학 가이드

창조인가? 진화인가?
창조와 진화에 대한 과학적 탐구!

지구과학, 물리학, 생명과학 등 과학의 전 분야에서 볼 수 있는 과학적 증거들을 바탕으로, 창조론과 진화론을 종합적으로 비교하고 분별할 수 있도록 정리한 창조과학 안내서다. 그 배경에는 성경이 얼마나 정확한 말씀인지 성경 기록을 근거로 모든 내용을 설명하고 있으며, 진화론의 허구성을 분명하게 밝히고, 창조의 진리를 과학으로도 쉽게 이해할 수 있도록 돕는다.

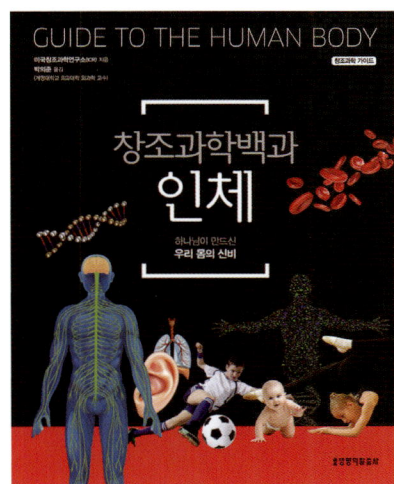

놀랍도록 정교하게 설계된 인체!
우리는 왜 인체를 공부해야 하는가?

인체의 구성과 기능, 작동 원리 등 그 특징을 구석구석 살펴보면서, 우리 몸이 창조되었다는 진리를 전하는 창조과학 책이다. 진화론으로는 인체의 복잡하고 섬세한 설계, 상호 의존적 특성을 논리적으로 설명할 수 없음을 밝히고, 그 모든 특성이 계획된 설계의 증거라는 사실을 깨닫게 한다. 성경에서 말씀하고 있는 창조의 진리를 이해하고 견고한 믿음의 기초를 세우도록 돕는다.

사명선언문

너희가 흠이 없고 순전하여……세상에서 그들 가운데 빛들로
나타내며 생명의 말씀을 밝혀 _ 빌 2:15-16

1. 생명을 담겠습니다
만드는 책에 주님 주신 생명을 담겠습니다.
그 책으로 복음을 선포하겠습니다.

2. 말씀을 밝히겠습니다
생명의 근본은 말씀입니다.
말씀을 밝혀 성도와 교회의 성장을 돕겠습니다.

3. 빛이 되겠습니다
시대와 영혼의 어두움을 밝혀 주님 앞으로 이끄는
빛이 되는 책을 만들겠습니다.

4. 순전히 행하겠습니다
책을 만들고 전하는 일과 경영하는 일에 부끄러움이 없는
정직함으로 행하겠습니다.

5. 끝까지 전파하겠습니다
모든 사람에게, 땅 끝까지, 주님 오시는 그날까지
복음을 전하는 사명을 다하겠습니다.

서점 안내

광화문점	서울시 종로구 새문안로 69 구세군회관 1층 02)737-2288 / 02)737-4623(F)
강남점	서울시 서초구 신반포로 177 반포쇼핑타운 3동 2층 02)595-1211 / 02)595-3549(F)
구로점	서울시 동작구 시흥대로 602, 3층 302호 02)858-8744 / 02)838-0653(F)
노원점	서울시 노원구 동일로 1366 삼봉빌딩 지하 1층 02)938-7979 / 02)3391-6169(F)
일산점	경기도 고양시 일산서구 중앙로 1391 레이크타운 지하 1층 031)916-8787 / 031)916-8788(F)
의정부점	경기도 의정부시 청사로47번길 12 성산타워 3층 031)845-0600 / 031)852-6930(F)
인터넷서점	www.lifebook.co.kr